Duden

Die schriftliche Arbeit

Von Jürg Niederhauser
in Zusammenarbeit
mit der Dudenredaktion

Dudenverlag
Mannheim · Zürich

Die **Duden-Sprachberatung** beantwortet Ihre Fragen
zu Rechtschreibung, Zeichensetzung, Grammatik u. Ä.
montags bis freitags zwischen 08:00 und 18:00 Uhr.
Aus Deutschland: 09001 870098 (1,86 € pro Minute aus dem Festnetz)
Aus Österreich: 0900 844144 (1,80 € pro Minute aus dem Festnetz)
Aus der Schweiz: 0900 383360 (3,13 CHF pro Minute aus dem Festnetz)
Die Tarife für Anrufe aus den Mobilfunknetzen können davon abweichen.
Unter www.duden-suche.de können Sie mit einem Online-Abo
auch per Internet in ausgewählten Dudenwerken nachschlagen.
Den kostenlosen Newsletter der Duden-Sprachberatung können Sie
unter www.duden.de/newsletter abonnieren.

Bibliografische Information der Deutschen Nationalbibliothek
Die Deutsche Nationalbibliothek verzeichnet diese Publikation in der Deutschen
Nationalbibliografie; detaillierte bibliografische Daten sind im Internet über
http://dnb.ddb.de abrufbar.

Das Wort Duden ist für den Verlag Bibliographisches Institut GmbH als Marke geschützt.

Kein Teil dieses Werkes darf ohne schriftliche Einwilligung des Verlages in irgendeiner
Form (Fotokopie, Mikrofilm oder ein anderes Verfahren), auch nicht für Zwecke der
Unterrichtsgestaltung, reproduziert oder unter Verwendung elektronischer Systeme
verarbeitet, vervielfältigt oder verbreitet werden.

Alle Rechte vorbehalten.
Nachdruck, auch auszugsweise, verboten.
© Duden 2011
Bibliographisches Institut GmbH, Dudenstraße 6, 68167 Mannheim

Redaktionelle Leitung: Dr. Kathrin Kunkel-Razum
Herstellung: Monika Schoch

Typografie: Horst Bachmann
Umschlaggestaltung: Jürgen Sauerhöfer
Satz: Bibliographisches Institut GmbH
Druck und Bindung: Heenemann GmbH & Co. KG, Bessemerstraße 83–91, 12103 Berlin
Printed in Germany

ISBN 978-3-411-74571-5
Auch als E-Book erhältlich unter: ISBN 978-3-411-90280-4
www.duden.de

Vorwort

Das Verfassen wissenschaftlicher Arbeiten ist eine zentrale Anforderung im Studium und in der gymnasialen Oberstufe. Nicht in allen Studienrichtungen und nicht in allen Studienfächern spielen schriftliche Arbeiten eine gleich große Rolle, aber am Ende eines jeden Studiums steht die Anfertigung einer Abschlussarbeit (Bachelor-, Diplom-, Staatsexamens-, Masterarbeit). In vielen Studiengängen an Fachhochschulen und Universitäten ist zudem während des Studiums eine Reihe kleinerer und größerer Arbeiten (z. B. Semesterarbeiten, Facharbeiten, Thesenpapiere, verschriftlichte Referate, Seminararbeiten) als Leistungsnachweise zu schreiben.
Der vorliegende Leitfaden soll beim Verfassen und Gestalten wissenschaftlicher Arbeiten helfen. Er bietet Hinweise zu einem möglichst effizienten Vorgehen beim Schreiben von Arbeiten und bei der Suche nach Literatur. Ebenso enthält er Muster zur Gestaltung von Texten, Verweisen, Literaturangaben und Literaturverzeichnissen. Auf knappem Raum enthält er die wesentlichsten Punkte, die beim Erstellen wissenschaftlicher Arbeiten zu beachten sind. Angesprochen werden sämtliche Phasen des Verfassens einer wissenschaftlichen Arbeit: Konzeption und Eingrenzung des Themas, Festlegen der Fragestellung, Recherchen, Materialsammlung, Organisation des Materials, das eigentliche Schreiben der Arbeit, Erstellen der Schlussfassung. Präsentiert werden Hinweise zur Gestaltung der wesentlichen Darstellungselemente wissenschaftlicher Arbeiten wie Zitate, Literaturverweise, Literaturverzeichnisse etc.
Die Anleitung ist nicht auf ein bestimmtes Fach zugeschnitten. Sie bietet allgemeine Hinweise, die als grundsätzliche Hilfe beim Verfassen wissenschaftlicher Arbeiten dienen können. In etlichen Instituten bestehen genaue Gestaltungsvorgaben für das Anfertigen schriftlicher Arbeiten, die gegebenenfalls hinzuzuziehen sind.
Die Zwischentitel in den einzelnen Kapiteln und Unterkapiteln dienen einerseits der Untergliederung und schnellen Orientierung, andererseits heben sie als eine Art Merksätze wesentliche Punkte hervor. Die Beispiele erscheinen der Übersichtlichkeit halber in einer anderen Schrift. Die angegebenen Internetadressen entsprechen dem Stand Oktober 2010.

Bern, November 2010

Inhalt

■ Vorwort	3
■ Inhalt	4

■ 1 Kein Studium ohne wissenschaftliche Arbeit — 6
1.1 Zur Wissenschaftlichkeit wissenschaftlicher Arbeiten — 6
1.2 Das Verfassen von Arbeiten in Schule und Studium — 8

■ 2 Was gehört zum Verfassen einer schriftlichen Arbeit? — 11
2.1 Wichtige Phasen beim Erstellen einer Arbeit — 11
2.2 Planung der Arbeit — 12
2.3 Das Thema einer Arbeit festlegen — 14
2.4 Material sammeln, ordnen und auswerten — 16
2.5 Von eigener Hand, nicht mit fremden Federn — 19

■ 3 Literatur-, Quellen- und Materialsuche — 21
3.1 Formen wissenschaftlicher Literatur — 21
3.2 Einstieg und Vorgehen — 23
3.3 Literatur- und Informationssuche in Bibliotheken — 25
3.4 Literatur- und Informationssuche im Internet — 29

■ 4 Schreiben — 37
4.1 Lust und Last des wissenschaftlichen Schreibens — 37
4.2 Überarbeiten und Korrigieren — 40
4.3 Bemerkungen zu Textsorte und Stil — 42

■ 5 Elemente und Gestaltung einer Arbeit — 44
5.1 Bestandteile und Gliederung — 44
5.2 Inhaltsverzeichnis und Kapiteleinteilung — 45
5.3 Titelblatt — 46
5.4 Weiteres — 51
5.5 Zur Gestaltung des Manuskripts — 54

6 Zitate und Anmerkungen — 57
6.1 Belegen und Verweisen — 57
6.2 Fußnoten/Anmerkungen — 58
6.3 Zitate und Zitieren — 60

7 Literatur- und Quellenangaben — 64
7.1 Verweisen auf Literatur im laufenden Text — 64
7.2 Literaturangaben — 69
7.3 Literaturverzeichnis — 78

8 Zu guter Letzt — 79

9 Literatur — 80

1 Kein Studium ohne wissenschaftliche Arbeit

■ 1.1 Zur Wissenschaftlichkeit wissenschaftlicher Arbeiten

Nicht die Wissenschaft ist klinisch rein, sondern ihre Darstellung.
Bemerkung am Rande der Jahrestagung einer wissenschaftlichen Gesellschaft

Niemand kommt wohl heutzutage auf die Idee, eine Fach- oder Bachelorarbeit, eine Diplomarbeit oder einen wissenschaftlichen Artikel in Versform oder in Reimen abzufassen. Genauso wenig wird jemand vorhaben, seine Seminar-, Abschluss- oder Masterarbeit auf Latein zu verfassen und einzureichen, obschon das nach den Verordnungen der meisten Universitäten eigentlich möglich wäre. Wer eine Abschluss- oder eine Semesterarbeit einreicht oder wer der Redaktion einer wissenschaftlichen Zeitschrift ein Manuskript vorlegt, weiß, dass eine solche Arbeit in einer ganz bestimmten Art und Weise gestaltet sein muss, dass etwa die Textstruktur einem festgelegten Muster zu folgen hat oder dass bestimmte Darstellungselemente wie Zitate, Belegnachweise oder Literaturangaben vorhanden sein müssen.

Bedeutung der Darstellungsformen

Damit eine Arbeit als Beitrag einer wissenschaftlichen Disziplin gilt, ist eben nicht nur deren Inhalt von Belang; wesentlich sind vielmehr auch die Darstellungsformen, die Art und Weise der Darstellung der Inhalte. Die Darstellungsformen des Wissens, die sich innerhalb einer wissenschaftlichen Disziplin herausgebildet haben, stellen einen wesentlichen Teil der Geschichte und der aktuellen Praxis einer Wissenschaft dar. So wird denn auch in Rezensionen wissenschaftlicher Werke gern auf Verstöße gegen übliche Darstellungsgewohnheiten hingewiesen. Die Bedeutung von Darstellungskonventionen in den Wissenschaften schlägt sich nicht zuletzt in all den Wissenschaftsparodien nieder, die über nahezu jedes Fach existieren (ein besonders gelungenes literarisches Beispiel einer Wissenschaftsparodie: Perec 1991 oder, in der deutschen Übersetzung, Perec 1992).

Unterschiede zwischen verschiedenen Disziplinen und innerhalb einer Disziplin

Wer nur schon ein wenig in Publikationen verschiedener Wissenschaften geblättert hat, kennt die große Spannweite an konkreter Ausgestaltung von Darstellungsformen, in denen sich wissenschaftliche Arbeiten präsentieren. Es bestehen markante Unterschiede zwischen wissenschaftlichen Arbeiten aus verschiedenen Fächern. Unterschiede zeigen sich aber auch zwischen

Publikationen aus einer Disziplin, zumindest, was Details der formalen Gestaltung betrifft. Das wird bei einem Blick in einige Zeitschriften und Publikationen ein und desselben Fachgebietes schnell augenfällig – insbesondere in den Geistes- und Sozialwissenschaften.

Formale Gestaltung nicht Selbstzweck
Bei den Eigenheiten der Gestaltung wissenschaftlicher Texte handelt es sich letztlich um formale Ausprägungen der Anforderungen, die wissenschaftliches Arbeiten kennzeichnen. Die Frage, was Wissenschaftlichkeit ausmacht, ist Gegenstand von Wissenschaftstheorie und -forschung. Im Hinblick auf die praktische Anwendung beim Verfassen von Arbeiten lassen sich hier einige grundsätzliche Gesichtspunkte von Wissenschaftlichkeit umreißen: Wissenschaftlich arbeiten heißt, einen auch für andere erkennbaren Gegenstand im Hinblick auf eine bestimmte Fragestellung nachvollziehbar zu behandeln, Methoden nachprüfbar anzuwenden, die Quellen offenzulegen, die Erkenntnisse systematisch zu ordnen und sie öffentlich mitzuteilen. Es gilt, mit methodischem Bewusstsein vorzugehen, innerhalb der Arbeit über das Vorgehen, über die Entscheidungen und über die verwendeten Begriffe Rechenschaft abzulegen und den Gedankengang argumentativ darzustellen. Es geht bei einer wissenschaftlichen Arbeit nicht nur darum, Fakten zusammenzutragen, sondern auch darum, zwischen diesen Fakten Zusammenhänge zu erschließen und die Fakten in ihre Begründungs-, Entwicklungs- und Argumentationszusammenhänge zu stellen. Konventionen des Zitierens und Formen der Gestaltung von Belegnachweisen machen also die geforderte Nachvollziehbarkeit wissenschaftlichen Arbeitens augenfällig.

Es gibt nicht nur eine Art der Gestaltung
In Details der formalen Gestaltung unterscheiden sich wissenschaftliche Arbeiten durchaus voneinander. Innerhalb der in einem Fach üblichen Darstellungsformen besteht also eine gewisse Wahlfreiheit. Das bringt es auch mit sich, dass bei der konkreten Ausgestaltung von Einzelheiten bis zu einem gewissen Grad auch persönliche Vorlieben oder Traditionen eines Instituts zum Tragen kommen. Es geht also nicht an, die Wissenschaftlichkeit einer Arbeit nach der Wahl einer bestimmten Zitierweise zu beurteilen oder danach, ob nach der Jahreszahl in einer Literaturangabe ein Komma oder ein Doppelpunkt gesetzt wird. Was vernünftigerweise verlangt werden kann, ist die konsequente Handhabung der einmal gewählten Einzelheiten der Darstellung innerhalb einer Arbeit.

1 Kein Studium ohne wissenschaftliche Arbeit

■ 1.2 Das Verfassen von Arbeiten in Schule und Studium

Zwar musste man im Kopf wendig bleiben, weil mancher Dozent ein Anhänger der »Anti-a. a. O.-Fußnotenschule« war und einem alles mit dem Rotstift ausmerzte, was nicht mit »ebd.« angemerkt wurde.
Jens Rehländer

Ein Studium wird in der Regel mit einer sogenannten Qualifikationsarbeit abgeschlossen, etwa einer Bachelor-, Diplom-, Lizenziats-, Master- oder Doktorarbeit. Wer eine Qualifikationsarbeit zur Erlangung eines akademischen Grads vorlegt, soll damit den Nachweis erbringen, dass er oder sie fähig ist, in einem wissenschaftlichen Fach eine Fragestellung selbstständig nach wissenschaftlichen Methoden zu bearbeiten. Es geht darum, in dieser Arbeit zu zeigen, dass man sich über einen bestimmten fachlichen Gegenstand ein selbstständiges und wissenschaftlich begründetes Urteil bilden, Gedanken klar entwickeln und seine Untersuchungen, Ergebnisse und Überlegungen gemäß den gängigen formalen Konventionen präsentieren und sprachlich korrekt darlegen kann. Diese Anforderungen sind in den Prüfungs- und Promotionsordnungen von Universitäten und Fachhochschulen mehr oder weniger explizit und ausführlich festgehalten.

Auch Semester- oder Hausarbeiten müssen Anforderungen wissenschaftlichen Darstellens genügen

Die in einem wissenschaftlichen Fach üblichen Konventionen des Darstellens gelten aber nicht nur für Qualifikationsarbeiten, sondern für sämtliche Arbeiten, die im Laufe eines Studiums oder in der gymnasialen Oberstufe verfasst werden. Auch wer eine Abitur- oder Maturarbeit, einen Fachbericht, ein verschriftlichtes Referat, eine Proseminar-, Seminar-, Semester- oder Hausarbeit verfasst, muss sich an den Standards wissenschaftlichen Darstellens im betreffenden Fach orientieren. Solche Arbeiten unterscheiden sich also im deutschsprachigen Bildungssystem von Aufsätzen oder Essays.

Widerstände, Widerwille, Blockaden

Beim Verfassen von Arbeiten gilt es nicht nur, sich mit fachlichen Inhalten und Argumentationen auseinanderzusetzen, sondern auch mit den formalen Anforderungen wissenschaftlichen Darstellens. Das wirkt oft regelrecht abschreckend. Widerstände gegenüber dem Schreiben von Haus-, Seminar- und anderen Arbeiten im Studium entstehen nicht zuletzt durch die Art, wie

1.2 Das Verfassen von Arbeiten in Schule und Studium

Anforderungen des Darstellens wissenschaftlicher Arbeiten im Studium vermittelt oder, besser gesagt, oft genug eben nicht richtig vermittelt werden. Auf Besonderheiten des Schreibens wissenschaftlicher Arbeiten und vor allem auf Schwierigkeiten, die beim Schreiben dieser Arbeiten kaum je ausbleiben (vgl. Kapitel 4.1), wird meist gar nicht eingegangen.

Erfahrungssache

Das Verfassen von Arbeiten ist – wie jegliches Schreiben – nicht zuletzt eine Sache der Erfahrung. Welche Angaben wie genau belegt werden müssen, was sich in einer Fußnote darstellen lässt, dieses und weiteres – disziplinspezifisch unterschiedliches – Wissen eignet man sich durch Übung an. Deshalb ist es mehr als angebracht, von Studienbeginn an möglichst viele Gelegenheiten zum wissenschaftlichen Schreiben zu nutzen. Übungsmöglichkeiten werden allzu oft vernachlässigt. Viele Studierende schreiben während ihres Studiums wenig, obwohl letztlich das Verfassen von Arbeiten die zentrale Leistungsanforderung darstellt. Dadurch werden Erfahrungsmöglichkeiten verschenkt. Auch wenn es nach einem altväterischen Ratschlag klingt: Es lohnt sich, jede Gelegenheit zum Üben zumindest einzelner Aspekte des wissenschaftlichen Schreibens wahrzunehmen. Solche Gelegenheiten kann man sich auch schaffen, zum Beispiel bei der Vor- und Nachbereitung einzelner Veranstaltungen oder beim Lesen und Erarbeiten einzelner wissenschaftlicher Werke.

An vielen Universitäten und Fachhochschulen besteht inzwischen die Möglichkeit, sich systematisch mit dem Schreiben wissenschaftlicher Arbeiten auseinanderzusetzen oder gezielte Unterstützung zu erhalten. So werden zum Beispiel Kurse für wissenschaftliches Schreiben durchgeführt oder Schreibberatungen angeboten.

Hilfe beim Aufbau von Erfahrungen mit dem Schreiben wissenschaftlicher Arbeiten bietet auch die vorliegende Anleitung. Vor allem soll sie durch die Präsentation gängiger Muster wissenschaftlichen Darstellens und durch Hinweise auf mögliche Vorgehensweisen helfen, die mit dieser Tätigkeit verbundenen Probleme und Mühen leichter in den Griff zu bekommen.

Nicht bloße Formsache

Das Verfassen von Arbeiten ist keineswegs eine Trockenübung, die nur für die akademische Welt von Relevanz ist. Sich in kurzer Zeit in ein Thema einarbeiten, wesentliche Informationen dazu beschaffen, ein Thema im Hinblick auf eine Fragestellung aufarbeiten, sich mit schwierigen Fachtexten auseinander-

1 Kein Studium ohne wissenschaftliche Arbeit

setzen, sie im Hinblick auf eine bestimmte Fragestellung auswerten, einen komplexen Sachverhalt analysieren und knapp und korrekt wiedergeben, eine Argumentation nachvollziehen, überprüfen oder aufbauen, das Resultat eigener Abklärungen und Überlegungen nachvollziehbar darstellen, differenziert zu einem Vorschlag Stellung nehmen können – das sind alles Fertigkeiten, die in zahlreichen beruflichen Anwendungsfeldern eine Rolle spielen. Erfahrungen und Kenntnisse mit der Konzeption, Planung und Durchführung kleiner (Untersuchungs-)Projekte können in verschiedensten beruflichen Zusammenhängen – von Sachbearbeitungsfunktionen in Wirtschaft und Verwaltung über publizistische Tätigkeiten bis hin zu Lehrberufen – von Nutzen sein.

2 Was gehört zum Verfassen einer schriftlichen Arbeit?

■ 2.1 Wichtige Phasen beim Erstellen einer Arbeit

Das Anfertigen einer wissenschaftlichen Arbeit umfasst eine Reihe unterschiedlicher Tätigkeiten. Es lässt sich entsprechend den Arbeitsschritten in verschiedene Phasen einteilen. Eine mögliche Einteilung ist im Folgenden aufgeführt und wird stichwortartig erläutert. Diese Phasen sind eher analytische Trennungen; in der Praxis können sie sich teilweise überschneiden. Sie sind nicht zuletzt nützliche Planungseinheiten.

Sondieren
Interesse für ein Thema, Festlegung auf einen Themenbereich, erste Suche nach Literatur und Material

Recherchieren
Genauere Eingrenzung des Themas und der zu untersuchenden Fragestellung, Literatursuche, Materialbeschaffung, Recherche, gegebenenfalls Überlegungen zu empirischen Untersuchungen (Feldforschung, Fragebogen) oder experimentellen Versuchen, Abklären der Machbarkeit des Vorhabens

Konzipieren
Eingrenzung der Fragestellung, Zuspitzung des Materials im Hinblick auf die gewählte Fragestellung, gegebenenfalls Planen von Experimenten, Testen von Fragebogen oder Beschaffung von Quellen, die als Grundlage einer Untersuchung dienen sollen

Untersuchen und Auswerten
Untersuchung, Experimente, Auswerten von Literatur und Material; Zusammenstellen der Notizen und des Materials; Konzipieren der Präsentation der Untersuchungsergebnisse, Konzept formulieren, Gliederung der Arbeit erstellen

Schreiben und Redigieren
Das eigentliche Schreiben der Arbeit lässt sich seinerseits wieder in verschiedene Phasen unterteilen:
- **Konzipieren** Die Konzeptionsphase des Schreibens überschneidet sich natürlich mit der Auswertungsphase, geht es doch darum, Konzept und Gliederung der Arbeit zu erstellen und die Stoßrichtung des Textes festzulegen.
- **Formulieren** Formulieren einer ersten Fassung, eines Rohmanuskripts

2 Was gehört zum Verfassen einer schriftlichen Arbeit

- **Redigieren** In dieser Phase wird der Text zum Teil noch deutlich umgestaltet.
- **Korrigieren und Formatieren** Korrekturen, letzter Schliff am Text, Gestaltung und saubere Ausführung des Layouts, Herstellen des endgültigen Ausdrucks

Liegt eine erste Fassung des Textes vor, ist die Arbeit des Schreibens also erst zur Hälfte erledigt. Jeder Text wird durch Überarbeitung besser.

2.2 Planung der Arbeit

Nur der unerbittliche Druck des Abgabetermins zwingt mich, die Literaturrecherchen abzubrechen, mich mit den bis dahin gesammelten Daten zu begnügen, mit dem Lesen und Exzerpieren Schluss zu machen und mit dem Mut zur Lücke anzufangen, die eigenen Gedanken zu formulieren.
Klaus Peter Kisker

Im Übrigen hilft Termindruck, aber nur bis zu einem gewissen Grade.
Dietrich Goldschmidt

Arbeiten müssen zu einem bestimmten Zeitpunkt abgegeben werden. In der Regel ist dieser vorgegeben, gelegentlich setzt man sich auch selber einen Abgabetermin. Die meisten Haus- und Abschlussarbeiten entstehen unter großem Zeitdruck, sodass man gegen Schluss oft froh sein muss, die Arbeit überhaupt irgendwie fertiggestellt zu haben.

Zeit für Schlussbearbeitung einplanen
Zeitdruck und Hetze wird man auch mit einer guten, detaillierten Planung nicht völlig vermeiden können, Planungen werden ja auch immer wieder umgestoßen. Eine realistische Planung trägt aber den verschiedenen Phasen des Anfertigens einer Arbeit und des Schreibens Rechnung. Damit lässt sich der Tatsache, dass beim Schreiben einer Arbeit für die Schlussphasen vielfach kaum mehr genügend Zeit bleibt, zumindest etwas entgegenwirken. Das wirkt sich auch auf die Qualität einer Arbeit aus. So sind gerade die Schlussphasen des Redigierens und Korrigierens Arbeitsschritte, die entscheidend zur Verbesserung der Qualität eines Textes beitragen. Beim Erstellen eines Plans für das Anfertigen einer schriftlichen Arbeit gilt es also, für jeden Arbeitsschritt

2.2 Planung der Arbeit

Zeit einzuplanen, besonders auch für die Schlussredaktion sowie die drucktechnische Fertigstellung.

Bei empirischen Arbeiten, die auf der Auswertung von Befragungen, Erhebungen oder Untersuchungen im Feld basieren, muss bei der Planung auch organisatorischen Vorarbeiten Rechnung getragen werden. Nicht nur für die eigentliche Datenerhebung oder Auswertung ist Zeit vorzusehen. Es braucht auch Zeit, um überhaupt Zugang zu einer bestimmten Organisation zu erlangen, um mögliche Gesprächspartner ausfindig zu machen und mit ihnen Termine zu vereinbaren.

Das Verfassen einer Arbeit ist ein Projekt

Das Verfassen einer Arbeit entspricht der Durchführung eines Projekts. Als Projekt werden Vorhaben bezeichnet, die außerhalb des normalen Tagesgeschäftes angesiedelt und einmalig, also keine Daueraufgabe sind. Mit einem Projekt soll innerhalb einer begrenzten Zeit mit vorgegebenen finanziellen, personellen und Sachmitteln ein definiertes Ziel erreicht werden. Was die Organisation der Mittel und der teilnehmenden Personen betrifft, handelt es sich beim Verfassen einer Arbeit um ein verhältnismäßig einfach strukturiertes Projekt, bei dem allerdings besonders Gewicht auf der Berichterstattung über das Ergebnis liegt. Die Planung einer Arbeit stellt jedenfalls angewandtes Projektmanagement dar (ausführlich dazu Friedrich 1997: 19–26) und ist schon allein dadurch relevant für die berufliche Zukunft: Die Mitarbeit in und die Leitung von Projekten sind aus der heutigen Arbeitswelt nicht wegzudenken.

Planung verschafft Überblick

Wie andere Tätigkeiten verläuft das Verfassen einer Arbeit nicht immer nach Plan. Oft kommt man langsamer voran als ursprünglich vorgesehen. Während der Ausarbeitung kann es sich ergeben, dass einem bestimmten Aspekt genauer nachzugehen ist, oder es erweist sich, dass ein etwas anderer Aufbau der Arbeit besser wäre. Die Planung muss flexibel gehandhabt und laufend angepasst werden. Ein einmal aufgestellter Plan ist nicht in Stein gemeißelt. Auch mit einer guten Planung lassen sich, wie erwähnt, Zeitdruck und Hetze nicht immer vermeiden. Das spricht aber keineswegs gegen das Planen einer Arbeit, sondern vielmehr für eine angemessene Handhabung dieses Hilfsmittels.

Nicht jede Eventualität lässt sich voraussehen. Bei einer Planung muss man sich auf Durchschnittsannahmen des benötigten Zeitaufwands stützen. Dabei

2 Was gehört zum Verfassen einer schriftlichen Arbei

sollte auch praktischen Gesichtspunkten einzelner Arbeitsschritte Rechnung getragen werden. So ist etwa die Beschaffung der benötigten Literatur nicht immer mit einigen Recherchen und einem Gang in die Bibliothek erledigt. Ist ein benötigtes Werk gerade nicht greifbar, kann plötzlich einiges an Aufwand erforderlich werden, um es sich anderweitig zu beschaffen. Will man sich eine Reihe von Beiträgen kopieren, um sie besser bearbeiten zu können, kann das eine größere Kopieraktion nach sich ziehen. Es empfiehlt sich, für solche praktischen Gesichtspunkte, die bei der konkreten Durchführung einzelner Arbeitsschritte eine Rolle spielen können, eine gewisse Zeitreserve vorzusehen.

Der große Vorteil einer Planung ist der, dass man sich damit einen Überblick über die zu erledigenden Arbeiten und den Stand der Arbeit verschafft. Ein Plan hilft, die zu erledigenden Arbeiten einigermaßen vernünftig in handhabbare Portionen einzuteilen. Er ermöglicht zudem eine Kontrolle darüber, was man erreicht hat und wie weit die Arbeit gediehen ist.

■ 2.3 Das Thema einer Arbeit festlegen

Ein größenwahnsinniges Huhn hatte den Entschluss gefasst, eine Abhandlung zu schreiben. »Worüber?« fragten seine Mithühner. »Über alles«, antwortete das größenwahnsinnige Huhn. Seine Mithühner zeigten sich skeptisch und gaben ihm zu bedenken, alles sei vielleicht doch ein bisschen zu viel. Das größenwahnsinnige Huhn korrigierte daraufhin sein Vorhaben und sagte, es würde eine Abhandlung über fast alles schreiben.
Luigi Malerba

Das Thema einer Arbeit ist teilweise schon von Anfang an durch äußere Vorgaben bestimmt. Wer im Rahmen eines Seminars ein klar umrissenes Vortragsthema übernimmt und dieses Referat zu einer Seminararbeit ausbaut oder wer eine Hausarbeit zu einem Thema anzufertigen hat, muss nicht nach einem Thema suchen. Das Bestimmen eines Themas gehört aber vielfach zum Anfertigen einer Arbeit dazu. Die genaue Festlegung und vor allem die Eingrenzung des Themas einer wissenschaftlichen Arbeit sind Arbeitsschritte, die oft deutlich unterschätzt werden. Angemessenes Eingrenzen eines Themas ermöglicht es überhaupt erst, ein Thema wissenschaftlich und arbeitstechnisch in den Griff zu kriegen.

Entscheidende Fragestellung

Nach der Bestimmung des Themas und dessen Eingrenzung folgt als entscheidender Schritt die Festlegung der zu bearbeitenden Fragestellung. Es gilt, die Fragestellung so festzulegen, dass das Thema im Rahmen der gewählten Arbeit und der zur Verfügung stehenden Zeit zu bewältigen ist: Es ist ein Unterschied, ob man eine Proseminararbeit oder eine Dissertation zu einem Thema schreibt. Eine Rolle spielt natürlich auch das zu untersuchende Material. Es sollte so ausgewählt werden, dass es das betreffende Thema einigermaßen abdeckt und aussagekräftig ist, aber gleichzeitig mit vernünftigem Aufwand bearbeitet werden kann. Eine kurze Abschätzung, ob überhaupt genügend Material für eine bestimmte Untersuchung vorhanden ist, ob sich Daten, die empirisch erhoben werden müssen, auch in nützlicher Frist beschaffen lassen, gehört mit zur Festlegung eines Themas. Genauso wie Überlegungen darüber, ob die vorgesehene Fragestellung überhaupt etwas für eine bestimmte Arbeit hergeben könnte. Das sind Fragen, die man am besten frühzeitig mit dem Betreuer oder der Betreuerin bespricht.

Bestimmung und Eingrenzung des Themas sowie Festlegung der Fragestellung können nicht aus dem Stand heraus vorgenommen werden. Sie ergeben sich aus einem prinzipiellen Interesse für einen Themenbereich während der Phase des Einlesens. Wissenschaftlich arbeiten heißt ja, sich mit der Literatur und dem Untersuchungsmaterial im Hinblick auf eine bestimmte Fragestellung auseinanderzusetzen. Die Fragestellung wird meist erst während des Sichtens des Materials, der ersten Auseinandersetzung mit der einschlägigen Literatur präziser fassbar. Eine Schwierigkeit bei der genauen Festlegung des Themas stellt auch der Umstand dar, dass eigentlich alles mit allem zusammenhängt und dass bei der Entscheidung für ein Thema dieses aus seinen Bezügen herausgelöst werden muss. Genauso gilt es, sich der Tatsache bewusst zu bleiben, dass im Rahmen einer einzelnen Arbeit, selbst wenn es sich um eine dickleibige Dissertation handelt, ein Thema sich nicht bis in die letzten Verästelungen hinein erschöpfend behandeln lässt. Beim Schreiben einer wissenschaftlichen Arbeit kommt es also darauf an, sich auf einen bestimmten Aspekt eines Themas zu konzentrieren, ein Thema im Lichte einer Fragestellung zu behandeln.

2 Was gehört zum Verfassen einer schriftlichen Arbei

■ 2.4 Material sammeln, ordnen und auswerten

Das Misstrauen gegen das eigene Gedächtnis ist der erste Schritt aller Erkenntnis. Darum sollten Sie jeden Gedanken und jeden Gedanken des Gedankens sogleich notieren, wenn er Ihnen beim Radfahren oder Zeitunglesen, beim Laborversuch oder der Lektüre eines langweiligen Fachbuches einfällt.
Wolf-Dieter Narr/Joachim Stary

Ich habe den Nachweis dieser Stellen verlegt und konnte mich nicht dazu bringen, die 1500 Seiten nochmals durchzustöbern.
Erwin Chargaff

Bei der Vorbereitung und beim Anfertigen einer Arbeit fällt schnell einmal eine große Menge an Material an. Damit dieses sich nicht einfach nur anhäuft, sondern auch innerhalb nützlicher Frist zur Verfügung steht, gilt es, dieses Material in geeigneter Weise zu sammeln und zugriffsbereit abzulegen.

Hängemappen und Computer

Wie man seine Notizen und Kopien am besten aufarbeitet und bereithält, hängt von der persönlichen Arbeitsweise ab. Wer einigermaßen systematisch Literatur exzerpiert, kann genauso gut eine Datenbank wie auch Karteikarten und Karteikästen benutzen. Zur Materialablage eignen sich neben Karteikästen Archivboxen, Aktenordner sowie vor allem auch Hängemappenboxen und Hängeregistraturgestelle.
Selbstverständlich lassen sich heute Materialien und Informationen elektronisch sammeln und archivieren. Notizen und Exzerpte, die nicht von Hand, sondern per Computer erfasst worden sind, können später direkt in einen Text hineinkopiert werden. Heutzutage stehen Datenbankprogramme mit Volltextsuchmöglichkeiten zur Verfügung, was teilweise auch die Verwaltung nicht vollständig strukturierter Datensätze erlaubt. Aber für elektronische Datensammlungen müssen die zu sammelnden Informationen viel stärker und detaillierter strukturiert werden. Wenn die Struktur einer Datenbank einmal festgelegt ist, sind Ergänzungen und Änderungen mit großem Aufwand verbunden. Besonders geeignet für eine elektronische Archivierung sind deshalb Informationen, die sich in klar strukturierter Form erfassen lassen. Das ist der Fall bei Literaturangaben oder bei der systematischen Auswertung von Quellen nach einem vorgegebenen Raster.

2.4 Material sammeln, ordnen und auswerten

Literaturverwaltungsprogramme nutzen
Hilfreiche Werkzeuge für das Dokumentieren und Sammeln von Literatur-
nachweisen, Zitaten, Notizen und Rechercheresultaten sind Literaturverwaltungsprogramme. Für die Recherche können sie auch als Schnittstelle zu
Bibliothekskatalogen, Fachdatenbanken und Buchhandelsverzeichnissen dienen. Literaturverwaltungsprogramme ermöglichen es,

- Literaturangaben in einer eigenen Datenbank zu erfassen, zu sammeln
  und zu ordnen,
- Literaturangaben aus elektronischen Bibliothekskatalogen oder Datenbanken zu importieren,
- Literaturverweise in den Text wissenschaftlicher Arbeiten einzufügen, und
  zwar in verschiedenen Formaten und in der gewünschten Art (z. B. in den
  Text integriert oder als Fußnote) und
- ein Literaturverzeichnis automatisch zu erstellen, und zwar entsprechend
  den gewählten Vorgaben zur Gestaltung von Literaturangaben (Zitierricht-
  linien; zur Gestaltung von Literaturangaben vgl. Kapitel 7.2).

Neben diesen Standardfunktionen bieten einige Literaturverwaltungsprogramme auch weitergehende Funktionen zur Wissensorganisation an, die das
Schreiben von Arbeiten unterstützen. Dazu gehören das Sammeln von Zitaten
und Notizen, weiter das Strukturieren der gesammelten Zitate und Notizen
wie auch Planungshilfen, die die Planung einer Arbeit erleichtern können.
Auch das Formatieren von Zitaten zum Einfügen in den Text einer wissenschaftlichen Arbeit können einige dieser Programme übernehmen.
Ein verbreitetes Literaturverwaltungsprogramm ist »Endnote« (http://www.
endnote.com), ein modernes Literaturverwaltungsprogramm mit ausgebau-
ten Funktionen zur Wissensorganisation ist »Citavi« (http://www.citavi.ch
oder http://www.citavi.com). Ein weiteres Programm ist »Zotero«, ein Zusatz-
programm für den Internetbrowser Firefox zum Sammeln und Verwalten von
Literaturangaben und Internetquellen (http://www.zotero.org). Viele Universitätsbibliotheken bieten übrigens Einführungskurse für die Benutzung verbrei-
teter Literaturverwaltungsprogramme an.

Dynamisch ablegen
Ein Teil des Materials, das im Hinblick auf eine Arbeit zusammengetragen
wird, lässt sich nach einer festen Ordnung ablegen: Artikel und Beiträge zu
einem Thema nach Autorennamen geordnet, Quellen nach Art der Quelle und
Chronologie gegliedert. Dafür eignen sich Aktenordner gut. Für das übrige
Material empfiehlt sich eine dynamische Ablage, z. B. eine Hängeregistratur-

2 Was gehört zum Verfassen einer schriftlichen Arbeit

box, ein Pultordner oder ein Karteikasten. Eine dynamische Ablage ermöglicht jederzeit eine Umordnung des Materials, wenn sich im Laufe des Verfassens der Arbeit etwa eine Differenzierung nach Themen oder Kapiteln, eine neue Gliederung, eine feinere Unterteilung oder eine Verschiebung des thematischen Akzents als sinnvoll erweist.

So früh wie möglich Material sammeln

Mit der Materialsammlung für eine Arbeit kann eigentlich nicht früh genug begonnen werden. Am besten legt man sich schon ein Mäppchen oder eine Hängeregistraturmappe an, sobald das mögliche Thema oder auch nur der Themenbereich einer Arbeit feststeht. So können Ideen oder zufällige Funde laufend festgehalten werden, auch wenn man noch gar nicht richtig Zeit hat, sich mit der Arbeit zu befassen.

Nie ohne Quellenangabe

Bei der Auswertung der Literatur ist darauf zu achten, bei allen Notizen, Exzerpten oder Kopien sicherzustellen, dass jeder Abschnitt eines Exzerpts oder einer Notiz mit einem klaren, nachvollziehbaren Hinweis auf die Quelle und die genaue Stelle versehen ist. Das klingt selbstverständlich, aber wie schnell lässt man sich dazu verleiten, nur an der ersten Stelle der Notizen einen eindeutigen Nachweis anzubringen, ohne daran zu denken, dass Notizen unter Umständen aus thematischen Gründen getrennt abgelegt werden. Oder man vergisst in der Eile, beim Kopieren zu kontrollieren, ob man auch die Quellenangabe kopiert oder notiert hat und ob etwa die Seitenzahlen auf der Kopie zu lesen sind.

Kopieren statt kapieren?

Fotokopien sind eine wunderbare Erfindung: Ein schneller Knopfdruck ersetzt das langwierige Abschreiben wichtiger Textstellen. Fotokopierte Texte können nach Belieben mit Bleistift und Leuchtstift bearbeitet, mit Notizen und Unterstreichungen versehen werden. Wer einen Artikel aus einer Zeitschrift oder einen Beitrag aus einem Sammelband benötigt, kopiert ihn schnell, und schon steht die Zeitschrift oder der Sammelband wieder anderen Leserinnen und Lesern zur Verfügung. Die verführerische Leichtigkeit des Fotokopierens hat aber auch eine Kehrseite. Wer hat nicht schon eine Reihe von Artikeln und Beiträgen kopiert und ist durch den Stoß fotokopierter Seiten unter dem Arm der Täuschung erlegen, er hätte sich mit diesen Artikeln nun schon befasst? Einen kopierten Artikel schnell zu überfliegen, heißt noch nicht, ihn gründlich gelesen und ausgewertet zu haben. Vor allem sollte man kopierte Artikel und Textausschnitte heften und geordnet ablegen, damit diese nicht in Stapeln von Fotokopien untergehen. Wie im vorherigen Abschnitt erwähnt, gilt es auch, immer darauf zu achten, die vollständigen Quellenangaben mitzukopieren oder zu notieren, und auch sicherzustellen, dass auf den Kopien die jeweiligen Seitenzahlen ersichtlich sind.

■ 2.5 Von eigener Hand, nicht mit fremden Federn

Um ein Thema zu bearbeiten, setzt man sich in der Regel mit wissenschaftlicher Literatur dazu auseinander. Beim Verfassen der entsprechenden Arbeit stützt man sich auf die bearbeitete Literatur. Weil die Nachvollziehbarkeit von Darstellung und Argumentation, die Offenlegung von Quellen und angewandten Methoden wesentliche Elemente der Wissenschaftlichkeit darstellen, spielen in wissenschaftlichen Arbeiten das Verweisen auf Literatur, das Belegen und Zitieren eine wesentliche Rolle. Deswegen haben sich auch Konventionen dafür herausgebildet (vgl. Kapitel 6 und 7).

Übernahmen klar kennzeichnen

Entscheidend ist, dass in einer Arbeit klar erkenntlich ist, worauf sich der Autor oder die Autorin stützt, was seine oder ihre Eigenleistung darstellt und was von anderen übernommen wurde. Eine Passage aus einem anderen Text zu übernehmen, ohne dies entsprechend zu kennzeichnen, stellt nicht nur eine formale Nachlässigkeit dar (»bloß die Anführungszeichen vergessen«). Es handelt sich vielmehr um einen Verstoß gegen das Gebot der wissenschaftlichen Lauterkeit. Schon wer ohne Quellenangabe eine Idee von jemand anderem in die Arbeit einbaut, begeht ein Plagiat.

Unredlich ist es auch, eine Stelle aus einem Werk oder eine Quelle, die man lediglich der benutzten Literatur entnommen hat, so zu zitieren, als hätte man sie direkt eingesehen. Ein solches Vorgehen ist demjenigen einer experimentell forschenden Person vergleichbar, die Ergebnisse einer fremden Versuchsreihe als ihre eigenen ausgibt. Lässt es sich nicht anders bewerkstelligen, kann man durchaus aus zweiter Hand zitieren, nur muss das entsprechend vermerkt werden (vgl. Kapitel 6.3).

2 Was gehört zum Verfassen einer schriftlichen Arbeit

Plagiate sind Betrug

Um regelrechten Betrug handelt es sich, wenn jemand eine fremde Arbeit unter seinem Namen einreicht oder seitenweise Passagen aus fremden Arbeiten in seine Arbeit einfügt, ohne sie als Übernahmen zu kennzeichnen. Deswegen fordern viele Studienordnungen, dass beim Einreichen einer Qualifikationsarbeit zur Erlangung eines akademischen Grades mit einer schriftlichen und unterschriebenen Erklärung bestätigt werden muss, dass diese Arbeit eigenhändig und ohne unerlaubte Hilfe verfasst worden ist.

Während es früher einigen Aufwands bedurfte, um an Hausarbeiten, die an anderen (Hoch-)Schulen eingereicht worden waren, heranzukommen, lässt sich das mittlerweile über das Internet verhältnismäßig einfach bewerkstelligen. Unter bestimmten Netzadressen (z. B. http://www.hausarbeiten.de) sind gar ganze Sammlungen von Arbeiten und Referaten zu finden und herunterzuladen. Natürlich ist es in Ordnung, wenn man eine Hausarbeit von jemand anderem als wissenschaftliche Quelle nutzt. Nur muss man in der eigenen Arbeit auf sie verweisen. Unredlich, ja illegal, ist es aber, eine fremde Leistung als eigene auszugeben.

Ein erfolgreiches Plagiat ist übrigens gar nicht so leicht zu bewerkstelligen. Zwar lässt sich im Internet zu manchem Thema schnell einmal eine Arbeit finden. Meist ist es aber keine, die der geforderten Stufe entspricht, und noch weniger ist es eine, die dieses Thema unter einer gegebenen Fragestellung angeht. Gerade die Behandlung eines Themas im Hinblick auf eine bestimmte Fragestellung ist jedoch der entscheidende Punkt beim Erstellen einer Arbeit. Zudem ermöglichen Internet und PC auch die schnelle und gezielte Überprüfung eines Verdachts auf Plagiat.

»Copy and paste« reicht nicht

Die souveräne Benutzung des Internets zur Recherche und Informationsbeschaffung ist eine Fertigkeit, die für das Verfassen anspruchsvollerer Sachtexte wesentlich ist. Dass sich aber das Verfassen einer wissenschaftlichen Arbeit bei Weitem nicht in einem patchworkartigen Zusammenfügen von Funden aus dem Internet erschöpft, muss hier nicht eigens erwähnt werden.

3 Literatur-, Quellen- und Materialsuche

■ 3.1 Formen wissenschaftlicher Literatur

Literatur is, wat so inne Bücher steht, wo zum Herzeigen da sind.
Jürgen von Manger

Am Beginn der Auseinandersetzung mit einem Thema steht die Suche nach Literatur und Informationen. Um die für das Erstellen einer Arbeit relevante Literatur möglichst gezielt suchen und breit aufspüren zu können, ist es nicht zuletzt wichtig, zu wissen, in welcher Form wissenschaftliche Literatur überhaupt vorliegen kann.

Wissenschaftliche Zeitschriften – die wesentliche Literatur
In den Bibliotheken präsentiert sich wissenschaftliches Schrifttum in der Regel als bedrucktes Papier zwischen zwei Buchdeckeln. Nur ein kleiner Teil der wissenschaftlichen Beiträge wird jedoch als eigenständiges Buch, als selbstständige Publikation, veröffentlicht. Die wissenschaftliche Literatur besteht hauptsächlich aus unselbstständig erschienenen Publikationen. Wesentlich sind vor allem Artikel in wissenschaftlichen Zeitschriften. Wissenschaftliche Zeitschriften erscheinen in mehreren Heften pro Jahr und werden in Bibliotheken zu Jahresbänden gebunden. Sie enthalten Jahresinhaltsverzeichnisse. Umfangreichere Zeitschriften werden zudem mit Schlagwortregistern erschlossen.

Sammelbände
Eine weitere Form unselbstständig erscheinender Literatur, die vor allem in den Geistes- und Sozialwissenschaften eine Rolle spielt, stellen Beiträge in Sammelbänden dar. Sammelbände sind meistens auf ein Thema ausgerichtet. Anhand einiger aktueller Beiträge geben sie einen Einblick in gegenwärtige Entwicklungen der Forschung zu einem bestimmten Thema. Einen Spezialfall stellen Sammelbände dar, in denen wesentliche Stationen der Forschungsgeschichte eines Themas zusammengestellt sind. Daneben gibt es veranstaltungsbezogene Sammelbände, die Referate einer Tagung dokumentieren, oder personenbezogene Bände, wie Festschriften zu Ehren einer Wissenschaftlerin oder eines Wissenschaftlers.

Handbücher
Eine wesentliche Rolle gerade auch zur Informationsbeschaffung und Einarbeitung in ein Thema spielen Formen wissenschaftlicher Literatur, die for-

3 Literatur-, Quellen- und Materialsuche

schungserschließend angelegt sind, etwa Lehrbücher, Fachwörterbücher, Handbücher und Bibliografien. Fachwörterbücher beziehen sich meist auf ein gesamtes Fach (z. B. *Wörterbuch der Pädagogik* oder *Grundbegriffe der pädagogischen Fachsprache*), während Handbücher eher zu wesentlichen Teilbereichen oder Themen eines Faches vorliegen *(Handbuch des Vorschulunterrichts)*. Handbücher können auch disziplinübergreifend um ein Thema herum angelegt sein *(Handbuch Lesen* oder *Gender@Wissen. Ein Handbuch der Gender-Theorien)*. Handbuchbeiträge bieten in der Regel einen Überblick über den Stand der Forschung, über mögliche Forschungsrichtungen, methodische Zugänge, behandelte Themenfelder und über die einschlägige Literatur.

Bibliografien

Wenn es darum geht, möglichst umfassend Literatur zu einem Thema ausfindig machen und zusammenstellen zu können, stellen Bibliografien das wichtigste Hilfsmittel dar. Bibliografien sind nach thematischen und weiteren Kriterien zusammengestellte Verzeichnisse von Publikationen aus einem Fachgebiet. Große Fachbibliografien werden durch detaillierte Stichwortverzeichnisse gut erschlossen. Eine Erschließung braucht Zeit, sodass sich eine bibliografische Lücke von etwa zwei Jahren zwischen dem aktuellen Publikationsstand und den detailliert bibliografisch erfassten Publikationen ergibt.

Graue und unpublizierte Literatur

In einigen wissenschaftlichen Feldern spielt auch sogenannte graue Literatur eine Rolle. Graue Literatur ist ein Sammelbegriff für Veröffentlichungen, die außerhalb des Verlagswesens und Buchhandels erscheinen: Veröffentlichungen von Instituten, Forschungsgruppen oder Unternehmen, unpublizierte, in interessierten Kreisen zirkulierende Manuskripte. Vielfach handelt es sich um erste Fassungen, »Arbeitspapiere«, die später überarbeitet und anderweitig publiziert werden. Graue Literatur lässt sich schlecht systematisch aufspüren. Das gilt auch für universitäre Abschlussarbeiten und Hausarbeiten. Diese werden in der Regel nicht publiziert und kaum zitiert. Entsprechend sind sie kaum in einem Verzeichnis zu finden und tauchen praktisch nie in Fachbibliografien auf. Einige Institutsbibliotheken sammeln die an ihrem Institut entstandenen Arbeiten. Heute sind Hausarbeiten, wie bereits gesagt, teilweise auch über das Internet zu finden. Haus- und Abschlussarbeiten stellen einen durchaus nicht zu unterschätzenden Fundus an Material und an Diskussion neuester Zugänge und Literatur dar. Es kann sich also lohnen, derartige Arbeiten als Quellen beizuziehen, sofern sie sich auftreiben lassen. Selbstverständlich kommt nur eine ordnungsgemäße Nutzung infrage (vgl. Kapitel 2.5).

3.2 Einstieg und Vorgehen

Die Tatsache, dass der größere Teil der wissenschaftlichen Literatur aus unselbstständigen Publikationen besteht, hat Auswirkungen auf die Literatursuche. Selbstständige Buchpublikationen lassen sich leicht über Bibliothekskataloge oder, sofern die Bücher noch lieferbar sind, über Buchhandelsverzeichnisse ausfindig machen. Anders sieht es mit den vielen unselbstständigen Publikationen aus, den in Zeitschriften veröffentlichten Artikeln oder den Beiträgen eines Sammelbandes. Selbst wenn wir in Katalogen großer Universitätsbibliotheken eine Suche nach Schlagwörtern vornehmen, erhalten wir keine Angaben zu einzelnen Artikeln und Beiträgen, sondern allenfalls Hinweise auf Bücher und Sammelbände, die Beiträge zum Thema enthalten könnten.
Wo lässt sich nun für die Auseinandersetzung mit einem Thema und die Suche nach Literatur zu einem Thema überall ansetzen? Wo finden sich weiterführende Literaturhinweise?

Einen ersten Überblick gewinnen
Zu Beginn einer näheren Beschäftigung mit einem Thema ist es empfehlenswert, sich nicht gleich in Detailauseinandersetzungen und in groß angelegte Literaturrecherchen zu stürzen, sondern sich zunächst einen Überblick über das Thema oder, besser gesagt, über das entsprechende wissenschaftliche Teilgebiet zu verschaffen. Dazu eignen sich entsprechende Kapitel aus Einführungen in ein Fach oder in ein Teilgebiet eines Faches; knappe, punktuelle Informationen enthalten Artikel der Fachwörterbücher, vertiefte Informationen Handbuchartikel.
Bei Studienfächern, die auch Schulfächer sind, lohnt sich oft auch ein Blick in die einschlägigen didaktischen Zeitschriften. Diese sind vielfach einem Thema gewidmet und bieten zum jeweiligen Heftthema didaktische und unterrichtsbezogene Artikel sowie informative Beiträge, die Lehrkräfte über neue Entwicklungen der Forschung zu einem Thema ins Bild setzen wollen.
Anschließend an einen ersten Überblick geht es darum, sich genauer in ein Thema einzulesen, sich mit der Fachliteratur auseinanderzusetzen. Auch dabei empfiehlt es sich, den Weg von Standard- oder Überblickswerken hin zu spezialisierteren Werken zu gehen.

3 Literatur-, Quellen- und Materialsuche

Unterschiedliche Einstiegspunkte nutzen
Es gibt nicht den einen Startpunkt, von dem aus jede Literatursuche in Gang zu setzen wäre. Vielmehr stehen verschiedene Einstiegspunkte in die Recherche von Literatur zur Verfügung. Gerade die im vorhergehenden Abschnitt erwähnten Möglichkeiten zum Erlangen eines ersten Überblicks – Artikel in Fachwörterbüchern und in Handbüchern, Kapitel in Einführungen sowie eventuell didaktische Zeitschriften – bieten Hinweise auf einschlägige Literatur. Artikel von Fachwörterbüchern verweisen auf wichtige Arbeiten zu einem Thema und auf »Klassiker«. Handbuchartikel bieten darüber hinaus den Vorteil, dass sie oft gleich eine Bewertung und Einordnung der Literatur ermöglichen, weil sie diese innerhalb des Fachs verorten und kurz charakterisieren. Einstiegsmöglichkeiten zur Literatursuche finden sich meist auch im Zusammenhang mit Lehrveranstaltungen: Kommentierte Vorlesungsverzeichnisse enthalten Literaturhinweise, zu einzelnen Veranstaltungen liegen Bibliografien vor und zudem ist oft eine Auswahl zu einem Thema gehörender Literatur in sogenannten Handapparaten (Semesterapparaten, Seminarapparaten) gut zugänglich aufgestellt. Weitere Ansatzpunkte bilden Hinweise fachlich beschlagener Personen (Lehrende, Mitstudierende), die Auswertung der Standardbibliografien und die Durchsicht des laufenden und des vorhergehenden Jahrgangs führender Zeitschriften eines Faches. Die Durchsicht der Fachzeitschriften hilft die im vorhergehenden Kapitel erwähnte bibliografische Lücke etwas zu schließen, denn viele Zeitschriften drucken Listen von Neuerscheinungen ab, und einige weisen auf Artikel in anderen Zeitschriften des gleichen Faches hin.

Schneeballeffekt
Jede wissenschaftliche Publikation enthält Hinweise auf Literatur zum Thema. Sobald man die erste einschlägige Arbeit gefunden hat, stößt man in ihr gleich auf weitere Literatur zum Thema, verfügt also über einen neuen Ansatzpunkt, dem man nachgehen kann: Der sogenannte Schneeballeffekt der Literatursuche kommt zum Tragen (von einer Stelle aus, etwa vom Artikel eines Fachwörterbuches aus, wird auf Literatur verwiesen, in der wiederum auf neue Literatur verwiesen wird, in der man wieder auf neue Literaturangaben stößt – und so weiter). Wer von verschiedenen Ansatzpunkten ausgehend Literaturangaben zusammenträgt, wird schnell einmal Standardliteratur oder wichtige Texte zu einem Thema ausmachen können: Das sind die Titel, die immer zitiert werden, auf die von überall her verwiesen wird.

3.3 Literatur- und Informationssuche in Bibliotheken

Nicht nur an einem Ort suchen
Nicht für jede Hausarbeit ist eine groß angelegte, systematische Literatur-
recherche notwendig. Aber es ist eine empfehlenswerte Gewohnheit, sich
immer etwas umzusehen und sich nicht mit dem erstbesten Aufsatz zum
Thema zufriedenzugeben. Der wichtigste Grundsatz bei der Literatursuche
und Recherche heißt: Augen offen halten. So kann auch der erwähnte Schneeballeffekt zum Tragen kommen. Wie knapp oder wie groß angelegt man auch
immer recherchiert: Man darf sich nie darauf verlassen, an einem Ort – in
einem Aufsatz, in einem Buch, in einem Bibliothekskatalog, in einer Bibliothek, mit einer Suchmaschine, unter einer WWW-Adresse – alles Benötigte zu
finden.

■ 3.3 Literatur- und Informationssuche in Bibliotheken

Gespräche unter vier Augen, wie das, zu dem sich Hortense und der junge
Mann aus dem Autobus T anschickten, fanden in der Kneipe »Die falsche Sig-
natur« statt, die auf der anderen Seite des Gartens mit dem geografischen
Brunnen lag und für die Bibliotheksbenutzer in dieser angenehmen Jahreszeit
so anziehend war. Man traf sich hier auch aus Arbeitsgründen, tauschte Bib-
liografien aus oder geheime Tipps zur Lokalisierung und Erlangung der
Bücher.
Jacques Roubaud

3.3.1 An der Bibliothek führt kein Weg vorbei

Bibliotheken sind alte, traditionsreiche Institutionen. Ihre Geschichte lässt
sich über mehr als 2500 Jahre zurückverfolgen bis zu den babylonischen
Sammlungen von Keilschrifttontafeln. Doch alt heißt nicht veraltet: Selbst
heute, im Zeitalter von Internet und Breitbandanschluss, sind Bibliotheken
keineswegs überholte Institutionen. Sie haben sich im Laufe der Zeit gewan-
delt. Mittlerweile haben selbst in den Katalogsälen altehrwürdiger Universitätsbibliotheken Computer Einzug gehalten.
Große wissenschaftliche Bibliotheken, etwa Universitäts- oder Staatsbibliothe-
ken, haben zwei Hauptaufträge: Erstens sollen sie wesentliche Fachliteratur
sammeln und langfristig aufbewahren. Zweitens sollen sie die gesammelte
Literatur den Benutzern zur Verfügung stellen, sei es zum Ausleihen oder aber
zum Benutzen im Lesesaal. Gedruckte Publikationen lassen sich relativ leicht

3 Literatur-, Quellen- und Materialsuche

über lange Zeit aufbewahren. Es braucht nur genügend geeigneten Archivraum. Sobald man eine Publikation aus dem Archiv geholt hat, kann sie sofort gelesen werden. Anders sieht es mit der langfristigen Aufbewahrung elektronischer Daten aus. Die Lebensdauer digitaler Dokumente ist immer noch verhältnismäßig kurz. Insbesondere stellt es ein Problem dar, elektronische Daten über lange Zeit hinweg lesbar zu erhalten.

Heutzutage wird immer mehr im Netz publiziert. Der Großteil der relevanten wissenschaftlichen Fachliteratur erscheint jedoch immer noch in gedruckter Form. Selbst wenn alle benötigte Literatur übers Netz abrufbar wäre, böten gedruckte Publikationen immer noch praktische Vorteile. Längere Texte am Bildschirm zu lesen, ist mühsam. Nicht nur intensives Lesen, gerade auch blätterndes Überfliegen mehrerer Texte geht mit gedruckten Publikationen bequemer, schneller und zuverlässiger vonstatten. Natürlich können Texte aus dem Netz ausgedruckt werden. Bei kurzen Texten lässt sich dies ohne Weiteres rasch bewerkstelligen. Ein paar mehrhundertseitige Texte herunterzuladen und auszudrucken, ist jedoch mit Aufwand und vor allem mit Kosten verbunden. Zudem hat man anschließend bloß einige Stapel Papier und keine gut handhabbaren Buchpublikationen vor sich.

Bibliotheken vor Ort kennenlernen

Wir sind auf wissenschaftliche Bibliotheken angewiesen – zumindest in absehbarer Zeit. Deshalb ist es unabdingbar, zu Beginn einer Ausbildung das »Arbeitsinstrument Bibliothek« näher kennenzulernen. Mit den Instituts- oder Fachbereichsbibliotheken und vor allem mit der Universitätsbibliothek vor Ort sollte man sich bald vertraut machen. Das beginnt mit ganz praktischen Dingen: Beschaffen eines Benutzerausweises; Abklären der Ausleihmodalitäten, insbesondere der Frage, welche Literatur ausgeliehen werden kann und welche nur im Lesesaal konsultiert werden darf; Kopiermöglichkeiten usw. Für ein erstes Kennenlernen sind Führungen geeignet, die größere Bibliotheken regelmäßig anbieten.

3.3.2 Elektronische Bibliothekskataloge

Bibliotheken haben längst Anschluss ans digitale Zeitalter gefunden. Bestellungen und Verlängerungen lassen sich unabhängig von Öffnungszeiten übers Netz erledigen. Vor allem haben elektronische Kataloge und deren weltweite Vernetzung die Zugänglichkeit zu Bibliothekskatalogen um Größenordnungen erleichtert. Heute lassen sich vom heimischen PC aus sehr viele Bibliothekskataloge übers Internet abfragen, die meisten auch über WWW. Eine

3.3 Literatur- und Informationssuche in Bibliotheken

elektronische Katalogabfrage ermöglicht zudem ganz andere Suchgeschwindigkeiten und bietet erweiterte Suchmöglichkeiten. Einige Hinweise auf Bibliotheken im Netz:

Bibliotheksverzeichnisse

Ein umfangreiches Verzeichnis von Bibliotheken weltweit, die über Internet zugänglich sind, bietet:

http://lists.webjunction.org/libweb/

Ein weiteres Verzeichnis von Bibliotheken weltweit enthält auch der *hbz-Werkzeugkasten* des Hochschulbibliothekszentrums des Landes Nordrhein-Westfalen (früher auch bekannt unter *Bibliographischer Werkzeugkasten*). Es handelt sich um eine umfassende Sammlung von Internetquellen mit Informationen zu deutschen und internationalen Bibliotheken. Bei diesem Verzeichnis ist bei jedem Link auf eine Bibliothek angegeben, in welchen Sprachen das Netzangebot dieser Bibliothek Informationen bereithält. Der *hbz-Werkzeugkasten* enthält neben dieser Sammlung von Internetzugängen zu Bibliotheken auch Zusammenstellungen von Links auf Verlage, Auktionshäuser, Antiquariate, Suchmaschinen, Nachschlagewerke oder Bibliografien:

http://www.hbz-nrw.de/recherche/linksammlung/

Metakataloge

Ein Metakatalog ist eine Metasuchmaschine für Bibliotheks- und Buchhandelskataloge. Mit einem Metakatalog, wie dem *Karlsruher Virtuellen Katalog* der Universität Karlsruhe, können gleichzeitig mehrere Bibliothekskataloge abgefragt werden:

http://www.ubka.uni-karlsruhe.de/kvk/kvk/kvk_hilfe.html

Das Netzangebot des Hochschulbibliothekszentrums des Landes Nordrhein-Westfalen enthält auch einen Metakatalog. Dieser ermöglicht den Benutzern beteiligter Bibliotheken auch die Abfrage weiterer Datenbanken:

http://www.hbz-nrw.de/recherche/digibib/login/

3 Literatur-, Quellen- und Materialsuche

Bibliotheksverbünde

Eine umfassende Zusammenstellung deutscher Bibliotheken findet sich unter:

http://digilink.digibib.net/cgi-bin/links.pl → *Bibliotheks-OPACs und Informationsseiten* → *Deutsche Bibliotheken online*

Elektronische Verbundkataloge des österreichischen Bibliothekenverbundes:

http://www.obvsg.at/kataloge/verbundkataloge/

Der Metakatalog der Schweizer Hochschulbibliotheken und der Schweizerischen Nationalbibliothek:

http://www.swissbib.ch/TouchPoint/start.do oder
http://www.chvk.ch

Sammelschwerpunkte

Viele Bibliotheken pflegen bestimmte Fachgebiete, zu denen sie besonders intensiv Literatur sammeln und bereitstellen. Die überregionalen Sammelschwerpunkte an deutschen Bibliotheken erschließt ein von der Deutschen Forschungsgemeinschaft und der Hamburger Universitätsbibliothek getragener Netzauftritt:

http://webis.sub.uni-hamburg.de/

Gespaltene Kataloge

Bei der Benutzung elektronischer Bibliothekskataloge, sei es im Internet oder bei der lokalen Abfrage im Katalogsaal, ist besonders darauf zu achten, welcher Teil des Bestandes der betreffenden Bibliothek überhaupt in ihrem elektronischen Katalog erfasst wird. Längst nicht alle Bibliotheken verfügen über genügend Mittel zur Durchführung einer vollständigen elektronischen Rekatalogisierung ihres alten Bestandes. Um auch etwas ältere Literatur ausfindig machen zu können, ist es deshalb in etlichen Bibliotheken notwendig, in zwei Katalogen nachzuschlagen, also neben dem elektronischen auch den alten Zettel- oder Mikrofichekatalog zu konsultieren.

Bei der Universitätsbibliothek vor Ort und vor allem bei den Institutsbibliotheken, die man regelmäßig benutzt, sollte man wissen, welchen Teil des Bestandes der elektronische Katalog abdeckt.

■ 3.4 Literatur- und Informationssuche im Internet

3.4.1 Informationen im Internet

Die gewaltige Entwicklung des Internets mit seinen verschiedenen Diensten (z. B. E-Mail, Mailinglisten, Usenet, Telnet oder dem wohl bekanntesten Dienst World Wide Web, dem WWW) hat die Informationsbeschaffung im Laufe der letzten Jahre stark verändert: Neue Suchmöglichkeiten und eine Vielzahl leicht zugänglicher Informationsquellen stehen heute auf jedem PC mit Internetzugang zur Verfügung. Diese Informationsvielfalt hat nicht nur Erleichterung, sondern auch neue Irrwege und Fallstricke mit sich gebracht. Wer im Internet sucht, ist vielfach konfrontiert mit einer Fülle belangloser, ungeordneter, nicht aufgearbeiteter, obskurer oder schlicht falscher Informationen, aus denen die relevanten und zutreffenden mühsam herausgesucht werden müssen.

Schwankende Informationsstabilität und Zuverlässigkeit

Die verwirrende Fülle erschwert die Informationssuche. Man versuche einmal, sich mittels einer Internetrecherche über die Mondlandung zu informieren: Sind 1969 tatsächlich Menschen auf dem Mond gelandet oder hat die NASA die Menschheit mit einer geschickt aufgezogenen Propagandalüge zum Narren gehalten? Weil das Internet ein relativ neues Medium ist, haben sich hier noch nicht Mechanismen der bewertenden Einordnung von Informationsquellen und Publikationen, der Verifizierung ihrer Zuverlässigkeit, Genauigkeit und Reichweite herausbilden können, über die wir bei gedruckten Quellen verfügen. Gerade die Zuordnung eines Dokuments zu einem Verfasser oder einer Verfasserin ist bei bloß elektronisch im Netz vorhandenen Dokumenten ungleich schwieriger, weil es im Internet so leicht fällt, seine Identität zu fälschen oder anonym zu bleiben.

Schwankende Zuverlässigkeit zeigt sich gelegentlich selbst bei hervorragenden lexikalischen Informationsangeboten im Netz.

3 Literatur-, Quellen- und Materialsuche

Informationsangebote im Netz reflektiert und kritisch nutzen
Bei freien Enzyklopädien werden die Artikel meist von ehrenamtlichen Autoren verfasst. Jeder kann im Prinzip einen neuen Artikel anlegen und vor allem einen bestehenden Artikel verändern. Das kann zu Schwankungen der Qualität und Zuverlässigkeit der Informationen führen. An und für sich lassen sich Fehler durchaus schnell entdecken und korrigieren. Durch die Gemeinschaftsleistung potenziell aller Benutzer können Fehler gefunden und behoben werden. So finden sich denn auch zu vielen Sachgebieten hervorragende Artikel. Grundsätzlich sind so erstellte Informationsangebote aber nicht vor großen Fehlern gefeit. Im Gegensatz zu herkömmlichen Lexika oder Enzyklopädien sagen beispielsweise Länge und Detailliertheit eines Artikels nicht unbedingt etwas über die Bedeutung des darin abgehandelten Gegenstandes aus, weil die Artikel nicht in ein redaktionelles Gesamtkonzept und eine geschlossene hierarchische Struktur eingebunden sind. Diese Begleitcharakteristika eines Artikels haben in herkömmlichen Nachschlagewerken durchaus einen gewissen Informationsgehalt.
Es finden sich im Netz zahlreiche Angebote, um Wörter in anderen Sprachen nachzuschlagen. Solche Angebote können hilfreich sein beim Übersetzen in eine Fremdsprache oder beim Lesen fremdsprachiger Texte. Nicht alle dieser Wörterdatenbanken sind aber als Wörterbücher konzipiert; oft sind auch nicht alle Einträge mit gleicher Sorgfalt hergestellt oder gleich informativ gestaltet. Generell empfiehlt es sich, Nachschlagewerke und Informationsquellen reflektiert und kritisch zu nutzen. Bei Nachschlagewerken und Informationsquellen im Internet sind ein reflektierter Umgang und eine kritische Nutzung erst recht vonnöten. So ist es wichtig, immer auch zu überprüfen, wer ein bestimmtes Informationsangebot im Netz betreibt.

Zum Einstieg geeignet
Eine große Online-Enzyklopädie wie Wikipedia (http://de.wikipedia.org/wiki/Hauptseite oder http://www.wikipedia.org/) eignet sich besonders zum Einstieg in ein Thema. Sie erlaubt es, sich schnell einmal einen ersten Überblick zu verschaffen, einige wichtige Begriffe oder Phänomene etwas kennenzulernen, Hinweise auf Literatur zu finden. Sie ersetzt aber weder das Beschaffen von noch die Auseinandersetzung mit wissenschaftlicher Fachliteratur.

Zugang zu bewährten Nachschlagewerken
Im Internet haben sich nicht nur zahlreiche neue Informationsangebote und Informationsmöglichkeiten herausgebildet. Vielmehr ermöglicht das Netz

3.4 Literatur- und Informationssuche im Internet

nicht zuletzt auch neue Zugänge und Nutzungsmöglichkeiten schon beste-
hender Informationsangebote. Das ist der Fall bei Bibliotheken, wie im vorhergehenden Kapitel dargelegt. Es gilt aber auch für Nachschlagewerke oder
Zeitungen.
Mittlerweile sind große, bewährte Enzyklopädien und Wörterbücher auch
im Netz zugänglich. Oft lässt sich dabei gleichzeitig in verschiedenen
Lexika des gleichen Anbieters suchen oder in Lexika und Wörterbüchern
zugleich. So kann man unter http://www.duden-suche.de/ in Duden-
Wörterbüchern nachschlagen. Die Brockhaus-Enzyklopädie ist im Netz
unter http://www.brockhaus.de/enzyklopaedie/30baende/online.php
zu finden. Auch die renommierte Encyclopedia Britannica ist längst im
Internet abfragbar unter http://www.britannica.com/. Die Nutzung dieser
Angebote ist kostenpflichtig. Die Suche ist meist gratis, die Kosten fallen
beim Herunterladen eines Artikels an.
Diese Angebote stellen eine Kombination von schnellem Nachschlagen über
Internet und bewährter Verlässlichkeit traditioneller Nachschlagewerke dar.

Presse und Pressearchive

Dank Internet sind auch Zeitungen viel leichter zugänglich geworden. Das gilt
zum einen für aktuelle Meldungen oder Artikel. Die meisten Zeitungen verfügen über einen Webauftritt, wo sich neben aktuellen Nachrichten auch die
Artikel der Tagesausgabe in der Regel kostenlos abrufen lassen. Zum anderen
hat das Internet Recherchen in Zeitungsarchiven unglaublich erleichtert,
zumindest für die Artikel, die ab Anfang der Neunzigerjahre des letzten Jahrhunderts erschienen und damit als elektronische Dokumente abgelegt sind.
Beim Webauftritt der meisten Zeitungen kann auch im Archiv der betreffenden Zeitung recherchiert werden. Die Benutzung, auf jeden Fall aber das Herunterladen eines Artikels, ist in der Regel kostenpflichtig. Oft erhalten aber
Abonnenten einer Zeitung kostenlos Zugriff auf deren elektronisches Archiv,
zumindest auf die Artikel des letzten Monats.
Kostenpflichtig sind Datenbanken, bei denen die elektronisch vorhandenen
Archive der wesentlichen deutschsprachigen Presseerzeugnisse auf einmal
abgefragt werden können (z. B. http://www.genios.de/).
Es gibt auch Informationsangebote im Netz, die Artikel der wichtigsten
Zeitungen und Zeitschriften erschließen. So wertet der »Perlentaucher«
(http://www.perlentaucher.de/) die wesentlichen Magazine der Welt aus.
Zudem kann man sich dort über den deutschen Kulturjournalismus und über
Neuerscheinungen auf dem Buchmarkt informieren.

3 Literatur-, Quellen- und Materialsuche

Bücher

Ob eine Publikation noch als Buch im Handel lieferbar ist, kann über Buchhandelsverzeichnisse, vor allem über deren sogenannte Profisuche, abgeklärt werden:

http://www.buchhandel.de/ oder
http://www.buchkatalog.de/

Erst recht lässt sich das Internet bei der Suche nach antiquarischen Büchern nutzen. Das Aufspüren antiquarischer Literatur ist um Größenordnungen erleichtert worden durch Verzeichnisse antiquarischer Bücher, die über das Netz abrufbar sind:

http://www.zvab.de/,
http://www.booklooker.de oder
http://www.antbo.de/

Es können auch ganze Buchtexte direkt heruntergeladen werden. Aus urheberrechtlichen Gründen sind es zur Hauptsache ältere Texte, meist klassische literarische oder kulturgeschichtliche Texte. So hat es sich das Gutenberg-Projekt (http://www.gutenberg.net/) zum Ziel gesetzt, möglichst viele Klassiker der Literatur kostenlos anzubieten. Eine der größten kostenlos benutzbaren Sammlungen herunterladbarer Texte *(bibliothèque numérique)* bietet die französische Nationalbibliothek an über die Adresse: http://gallica.bnf.fr/.

3.4.2 Suchen im Internet

Oft wird der Informationsdschungel des Internets zunächst durch Suchmaschinen erschlossen. Die erfolgreichste Suchmaschine der letzten Jahre, *Google* (http://www.google.com/ oder .de oder .ch oder .at), ist zu einem Begriff geworden. Längst hat sich das Verb »googeln« eingebürgert als Synonym für das Durchführen einer Suche im Internet.
Weitere große Suchmaschinen neben *Google* sind *Yahoo, Lycos, Excite* und *Bing.* (http://www.yahoo.com/ oder http://de.yahoo.com/, http://www.lycos.com/ oder http:// www.lycos.de/ oder http://www.lycos.ch/, http://www.excite.com/ oder http://www.excite.de/, http://www.bing.com oder http://www.bing.com/?cc=de).

3.4 Literatur- und Informationssuche im Internet

Suchoptionen nutzen, nicht nur die ersten fünf Links beachten
Die großen Suchmaschinen decken allerdings keineswegs das ganze World Wide Web ab. Ein Großteil der Informationen bleibt ihnen verborgen. Das liegt unter anderem daran, dass es Programme zur Verwaltung von Webseiten gibt, die die Inhalte von Webseiten anders ablegen, als sie aufgerufen werden können. Bei einem Zugriff auf diese Webseiten werden diese jeweils erst aufgebaut.
Für eine gründliche Recherche empfiehlt es sich deshalb zum einen, bei mehreren Suchmaschinen nachzufragen. Dazu kann man sich auch der Hilfe von Metasuchmaschinen bedienen, die eine gleichzeitige Suche über verschiedene Suchmaschinen ermöglichen (z. B. http://meta.rrzn.uni-hannover.de/). Erfolg versprechend sind zum anderen die gezielte Anwendung von Suchstrategien und das Ausnutzen von Suchoptionen.
Einfach mal das erstbeste Stichwort zu einem Thema in eine Suchmaschine einzugeben, ist keine kluge Suchstrategie. Vor einer größeren Recherche im Internet empfiehlt es sich, wichtige Suchstichworte zum gefragten Thema zu notieren, sich verwandte Begriffe dazu zu überlegen und die notierten Begriffe miteinander in Verbindung zu setzen, das heißt nach über-, gleich- und untergeordneten Begriffen zu gruppieren. Zudem gilt es, bei der Benutzung der Suchmaschinen von den Suchoptionen Gebrauch zu machen, die es erlauben, Stichworte auf bestimmte Art und Weise miteinander zu verknüpfen oder ganze Äußerungen zu suchen. Mithilfe dieser erweiterten Suchmöglichkeiten, die oft als »erweiterte Suche«, »Detailsuche« oder »Profisuche« bezeichnet werden und bei jeder Suchmaschine etwas anders ausgestaltet sind, ist ein präziseres Suchen möglich. Übrigens verfügen Metasuchmaschinen in der Regel über weniger Suchoptionen als bestimmte einzelne Suchmaschinen. Man sollte sich auch angewöhnen, nicht nur die ersten fünf oder zehn Links, die eine Suchmaschine gefunden hat, zu beachten.

Linksammlungen nützlicher als Suchmaschinen
Eine Anfrage an Suchmaschinen bringt zwar viele, oft aber wenig brauchbare Resultate. Für fachliche und wissenschaftliche Themen ist es ohnehin nicht die beste Strategie, sich auf eine Suchmaschinenabfrage zu verlassen. Viel schneller und effizienter kommt man ans Ziel durch die Benutzung aufgearbeiteter und strukturierter Linksammlungen, gewissermaßen redigierter Kataloge mit Hinweisen auf fachlich einschlägige Webseiten.
Viele Universitätsinstitute und vor allem die einzelnen wissenschaftlichen Fachgesellschaften bieten aufgearbeitete, strukturierte und teilweise sogar

3 Literatur-, Quellen- und Materialsuche

kommentierte Listen fachlich einschlägiger Links. Diese Listen, die oft auch als »virtuelle Bibliothek« bezeichnet werden, eignen sich als Startpunkte für eine fachspezifische Internetrecherche. Es lohnt sich also, sich auch einmal auf den Webseiten von Instituten anderer Universitäten umzusehen, um besonders ergiebige Linklisten ausfindig machen zu können.

Eine regelrechte virtuelle Bibliothek, eine Zusammenstellung von Links zu den verschiedensten Fachgebieten, bieten die meisten Universitätsbibliotheken an. Auch hier lohnt es sich, sich einmal das Netzangebot verschiedener Universitätsbibliotheken genauer anzusehen, um möglichst ergiebige Linksammlungen zu seinen Fächern und Interessensgebieten finden zu können.

3.4.3 Informationsbeschaffung über Mailinglisten, Diskussionsforen und E-Mail

Das Netz kann nicht nur dazu genutzt werden, Informationen zu suchen und herunterzuladen. Übers Netz finden sich auch Leute, die helfen können. Das Internet bietet Möglichkeiten zur Diskussion fachlicher Fragen. Dazu stehen einschlägige Newsgruppen und Diskussionsforen sowie thematische Mailinglisten zur Verfügung oder auch einem Thema gewidmete Weblogs. Wenn man eine Mailingliste zu einem Thema oder eine entsprechende Newsgruppe abonniert oder ein fachspezifisches Diskussionsforum regelmäßig besucht, kann man sich ein Bild davon machen, was für Fachfragen oder Detailprobleme innerhalb einer Fachgruppe diskutiert werden, und erhält auch Hinweise auf neue Literatur.

Fachlich einschlägige Mailinglisten oder Diskussionsforen lassen sich über Linksammlungen von Instituten oder Universitätsbibliotheken ausfindig machen oder durch Nachfrage bei Dozierenden. Die unzähligen Newsgruppen sind hierarchisch organisiert und die Hierarchie spiegelt sich im Gruppennamen wider. So tragen beispielsweise Newsgruppen, die sich mit Computerfragen befassen, das Kürzel *comp* im Namen, solche zu Naturwissenschaft und Forschung *sci* und zu Geisteswissenschaften *humanities,* wobei hier teilweise auch *sci* verwendet wird (z. B.: *de.sci.geschichte*). *ch.comp.os.linux* etwa ist eine Schweizer Newsgruppe zur Diskussion von Fragen rund um das Betriebssystem Linux, *de.sci.physik* eine deutsche Newsgruppe zu Physik.

Erst lesen, dann anfragen

Mithilfe dieser Kommunikationsplattformen lassen sich fachspezifische Fragen, bei denen man mit eigenen Mitteln, eigenen Recherchen und eigener

3.4 Literatur- und Informationssuche im Internet

Auswertung von Literatur nicht weiterkommt, an interessierte und fachkundige Personen stellen. Das gilt natürlich nur für Fragen, die man nicht mit ein wenig Anstrengung selber beantworten könnte. Es ist unerlässlich, die *Netikette* zu beachten. Dazu gehört es etwa, keine Fragen zu stellen, deren Antwort sich im Archiv der Mailingliste oder sogar auf einer Liste der häufig gestellten Fragen (FAQ, *Frequently Asked Questions*) finden lässt.

Bevor man eine Frage stellt oder einen Diskussionsbeitrag schickt, schaut man sich zunächst die Beiträge der betreffenden Mailingliste oder Newsgruppe genauer an, lernt deren Tonalität und Gebräuche kennen.

Anfragen sind möglichst präzise und klar fokussiert zu formulieren. Man fragt nicht einfach nach Literatur zum Thema XY, sondern gibt kurz und präzise an, worum es geht, wozu man diese Anfrage stellt, welche Literatur man schon ausgewertet hat und zu welchem Gesichtspunkt man noch weitere Literatur benötigt. Jeder Frage geht die Anstrengung einer eigenständigen Abklärung voraus. Alles andere ist unhöflich.

Ein Beispiel einer Anfrage mit Informationen über schon getroffene Abklärungen:

> Liebe Liste,
>
> ich schreibe meine Magisterarbeit über phonologischen Erstspracherwerb (Deutsch und Spanisch). Dabei konzentriere ich mich auf den Erwerb der Spirantisierung. Zum Phänomen selbst habe ich schon eine ganze Menge zusammen (bin natürlich trotzdem für Anregungen offen), aber zum Erwerb desselben habe ich noch gar nichts finden können.
>
> Würde mich freuen über Vorschläge, auch im Bereich Phonologieerwerb im Deutschen und Spanischen allgemein.
>
> Gruß

Wichtig ist auch die Wahl eines aussagekräftigen Betreffs in der Mailanfrage oder im Posting. Es ist erstaunlich, wie häufig immer noch Anfragen gestellt werden mit einem nichtssagenden Betreff der Art *Anfrage, Literaturanfrage* etc. anstelle eines informativen *Literatur zu XY, Frage wegen YZ* etc. Mit einem spezifischen Betreff macht man die richtigen Leute aufmerksam, während E-Mails mit unspezifischen Anfragen vielfach gar nicht geöffnet werden.

Indiskutabel ist es, durch Anfragen an Mailinglisten und Diskussionsforen oder direkte Anfragen per E-Mail zu versuchen, die eigene Arbeit gleich von anderen erledigen zu lassen. Also etwa die für eine Ausbildung geforderte

3 Literatur-, Quellen- und Materialsuche

Auseinandersetzung mit bestimmten Themen oder bestimmter Literatur und die dazu notwendigen Recherchen zum Gegenstand einer Anfrage zu machen. Man begegnet leider immer wieder derartig dreisten Anfragen:

Liebe Listler,

kann mir jemand Literaturhinweise zum Thema interkulturelle Kommunikation in der (Grund)schule geben? Eine Überblicksdarstellung zum gesamten Gegenstands- und Forschungsbereich wäre auch nicht schlecht.

MfG

Mails an Dozentinnen und Dozenten

Das Kommunikationsmittel E-Mail hat es auch stark erleichtert, mit Dozentinnen und Dozenten Kontakt aufzunehmen. Auch hier ist die *Netikette* einzuhalten. Fragen, die man mit ein wenig Anstrengung selber beantworten kann, stellt man nicht. Vor allem gilt es, die Proportionen zu wahren. Es ist leicht, eine Frage zu stellen, deren Beantwortung in schriftlicher Form schnell einmal eine Stunde erfordert. Den Aufwand für solche Antworten können die Lehrkräfte angesichts der üblichen Betreuungsverhältnisse nicht leisten. Umfangreichere oder offene Fragen stellt man deshalb im direkten Kontakt. Man kann natürlich eine Mailanfrage benutzen, um eine Besprechung vorzubereiten, eine Frage anzukündigen. Angemessene Anfragen sind etwa Fragen nach Hinweisen zu weiterführender Literatur, nach geeigneter Literatur zum Einlesen in ein Thema oder bestätigende Rückfragen.

Zum aussagekräftigen Betreff gehören bei diesen Anfragen neben der Nennung des Themas auch die Angabe der Lehrveranstaltung oder der Lerngruppe, in deren Zusammenhang man die Frage stellt. Wenn der Name des oder der Fragenden nicht aus der Mailadresse hervorgeht, gehört auch er in die Betreffzeile.

4 Schreiben

■ 4.1 Lust und Last des wissenschaftlichen Schreibens*

Schreiben ist die Hölle, aber geschrieben haben ist der Himmel.
Sibylle Krause-Burger

Am Gedanken arbeitet man durch die Sprache.
Friedrich Dürrenmatt

Schreiben ist Arbeit

Schreiben können wir alle, seitdem sich die krakeligen Buchstaben unserer ersten Kindertage zu einer einigermaßen schwungvollen Schrift entwickelt haben. Dass wir die elementare Kulturtechnik des Schreibens problemlos beherrschen, heißt aber noch lange nicht, dass uns das Schreiben von Texten leicht von der Hand ginge. Im Gegenteil, wir sind beim Verfassen von Texten immer wieder mit Schreibschwierigkeiten und Schreibproblemen konfrontiert, ganz besonders auch beim Verfassen wissenschaftlicher Arbeiten. Bei diesen kommt erschwerend hinzu, dass sie einerseits stark normierte Textsorten sind, aber andererseits dann doch erhebliche Variationen vor allem in Einzelheiten der Gestaltung aufweisen. Weil die formalen Anforderungen wissenschaftlichen Darstellens besonders auffällig sind, werden die Schwierigkeiten oder das Unbehagen beim Schreiben (und auch beim Lesen) wissenschaftlicher Arbeiten oft daran festgemacht. So auffällig die formalen Anforderungen auch wirken: Sie sind nicht die eigentliche Ursache für Mühen und Probleme beim Schreiben wissenschaftlicher Arbeiten. Diese sind vielmehr zurückzuführen auf Haltungen und Einstellungen gegenüber dem Schreiben von Arbeiten, die nicht zuletzt davon zeugen, dass Lehrende und Ausbildungsinstitutionen unangemessen damit umgehen (vgl. Kruse/Jakobs/Ruhmann 1999: 24–27 und 63–70). Deshalb ist es wichtig, sich einiger grundlegender Gesichtspunkte, die die Ursache für Mühen beim Schreiben wissenschaftlicher Arbeiten bilden können, bewusst zu werden.

Wie jedes Handwerk eine Sache der Erfahrung

Das Schreiben einer wissenschaftlichen Arbeit hat eine handwerkliche Seite und ist nicht zuletzt eine Sache der Erfahrung. Diese Tatsache bedeutet auch, dass das Schreiben von Arbeiten geübt und gelernt werden kann. Schreiben lernt man durch Schreiben. Gelegenheiten zum Üben wissenschaftlichen Schreibens kann man sich auch selber verschaffen, etwa indem man sich von

---

* Der Titel dieses Kapitels ist von Narr/Stary 1999 übernommen.

4 Schreiben

Zeit zu Zeit schriftlich Rechenschaft gibt über Literatur, mit der man sich befasst hat, oder indem man Themen, die innerhalb einer Lehrveranstaltung behandelt worden sind und die man für sich aufgearbeitet hat, kurz schriftlich darstellt.

Das Schreiben von Haus- und Abschlussarbeiten ist also keine Fähigkeit, über die alle, die eine Ausbildung beginnen, schon ohne Weiteres verfügen. Wie jede Form professionellen Schreibens bringt man sie nicht einfach mit, sondern erwirbt und verbessert sie im Laufe der Ausbildung.

In machbare Portionen zerlegen

Das Schreiben einer wissenschaftlichen Arbeit zerfällt, wie in Kapitel 2.1 dargelegt, in verschiedene Phasen: Konzipieren, Formulieren, Redigieren, Korrigieren und Formatieren. Jeder dieser Phasen sollte Rechnung getragen, bei der Planung Zeit eingeräumt werden.

Eine wissenschaftliche Arbeit entsteht also nicht einfach als Ganzes, sondern Schritt für Schritt. Ebenso wenig wird ein Haus einfach von heute auf morgen hingestellt. Wenn man die Aufgabe hat, eine wissenschaftliche Arbeit zu verfassen, ist es hilfreich, sich vor Augen zu führen, dass man nicht ständig am großen Ganzen arbeitet. Vielmehr gilt es, diese Aufgabe pragmatisch anzugehen, das Ganze in machbare Portionen zu zerlegen und dann die Portionen einzeln zu bearbeiten.

Formulieren macht Gedankengänge fassbar

Die verschiedenen Phasen des Schreibens sind natürlich nicht strikt voneinander zu trennen. Vor allem ist das Formulieren nicht einfach ein bloßes Auffüllen einer Konzeption mit Sätzen. Die genaue Form einer Beschreibung oder eines Argumentationsgangs ergibt sich erst durch die »allmähliche Verfertigung der Gedanken« beim Schreiben, um mit Kleist zu sprechen. Das soll aber keineswegs ein Plädoyer für planloses Drauflosschreiben sein. Vielmehr ist es ein Hinweis darauf, dass Gedankengänge erst dadurch, dass wir sie schriftlich festzuhalten und nachvollziehbar darzulegen versuchen, genauer und fassbarer werden.

Früh mit Schreiben beginnen

Deswegen ist es auch wichtig, den Beginn des eigentlichen Schreibens nicht immer wieder hinauszuschieben. Selbstverständlich muss man sich vor dem Schreiben erst gründlich einlesen, mit einem Thema vertraut machen, eine Fragestellung festlegen, die Materialien auswerten und die erforderlichen

4.1 Lust und Last des wissenschaftlichen Schreibens

Untersuchungen vornehmen. Aber man sollte sich nicht ständig vom Schreiben abhalten lassen durch die Vorstellung, man könne erst mit Schreiben beginnen, wenn man diesen oder jenen Aspekt noch gründlicher abgeklärt und noch genauer durchdacht habe. Fast bei jedem Thema könnte man endlos weiter recherchieren und untersuchen. Schließlich können durchaus auch während des Schreibens noch gewisse Abklärungen vorgenommen werden.

Vorsicht vor unangemessenen Vergleichen
Beim Schreiben von Haus- und Abschlussarbeiten benutzt man immer wieder wissenschaftliche Literatur zum Thema. Man liest sich ein, stützt sich auf bestimmte Publikationen, schlägt etwas nach. Bei den Texten der wissenschaftlichen Literatur handelt es sich um fertige Produkte geübter Autoren und Autorinnen, um Endergebnisse eines Schreibprozesses, denen in der Regel die Mühen und Schwierigkeiten der Entstehung nicht mehr anzusehen sind. Vergleicht man nun die erste Fassung eines eigenen Textes mit publizierten wissenschaftlichen Arbeiten, wirkt der eigene Text in fast jedem Fall schlechter, unbeholfener, ungenügend. Ein solcher Vergleich ist aber noch keine Aussage über die Qualität der Schlussfassung des eigenen Textes oder der persönlichen Schreibfähigkeiten.

Schreibschwierigkeiten sind kein Ausdruck individuellen Unvermögens
Die eigentlichen Schreibschwierigkeiten treten in der Phase des Formulierens auf, wenn man vor dem berühmt-berüchtigten leeren Blatt Papier respektive der leeren Bildschirmseite mit dem herausfordernd blinkenden Cursor sitzt und einem beim besten Willen kein Satz gelingen, ja nicht einmal ein Satzanfang einfallen will. Zum Umgang mit Schreibproblemen und Schreibschwierigkeiten gibt es eine Fülle von Ratgeberliteratur unterschiedlicher Güte. Neben Büchern, die versprechen, mit kreativem Schreiben jedes Schreibproblem lösen zu können, finden sich auch brauchbare Ratgeber mit vielen nützlichen Hinweisen (z. B. Kruse 1997 oder 2010 wie auch einzelne Beiträge in Narr/Stary 1999).
Wie man am besten auf Schreibprobleme und Schreibblockaden reagiert, lässt sich nicht allgemeingültig beantworten, sondern hängt von individuellen Vorlieben und Gewohnheiten ab. Einzelne können nicht weiterschreiben, bis der Satz, an dem sie gerade herumformulieren, hundertprozentig sitzt. Andere dagegen können durchaus mal über eine noch nicht überzeugende Stelle hinweg weiterschreiben und später darauf zurückkommen. Weiterschreiben an einer anderen Stelle ist übrigens eine gute Möglichkeit, momentane Schreib-

4 Schreiben

blockaden zu überwinden. Gerade Textverarbeitungsprogramme ermöglichen ein problemloses Wechseln zwischen verschiedenen Textstellen.

Trotz Ablenkungen immer wieder in die Tasten oder zum Schreibstift greifen
Das Ausweichen auf eine andere Stelle stellt eine arbeitsnahe Form des Ablenkens dar. Ablenkungsmanöver gehören generell zu den Begleiterscheinungen des Schreibens. Nie meldet sich das Bedürfnis, Staub zu wischen oder die Badewanne zu putzen, so dringend wie dann, wenn man eigentlich an einer Arbeit weiterschreiben sollte. Auch das vorhin erwähnte ewige Recherchieren ist eine Strategie, sich vor dem Schreiben zu drücken. Es gilt also, sich zu disziplinieren und sich immer wieder an den Schreibtisch und hinter die Tastatur zu zwingen. Das lässt sich durchaus auch dadurch fördern, dass man sich bewusst Pausen gönnt und zwischendurch auch einmal eine größere Ablenkung, wie etwa einen Kinobesuch, erlaubt. Körper, Geist und Seele brauchen immer wieder Erfrischung und Ruhe. Dem Körper sollte man zudem genügend Bewegung gönnen.

■ 4.2 Überarbeiten und Korrigieren

Genügend Zeit einplanen für das Redigieren, Korrigieren und Formatieren
Wissenschaftliche Texte entstehen, wie andere komplexe Texte auch, nicht in einem Wurf. Sie werden auch nicht linear in der Reihenfolge geschrieben, in der der Text am Schluss vorliegt. Texte sind Ergebnisse eines Schreibprozesses, während dessen sie zahlreiche Durchgänge durchlaufen und immer wieder überarbeitet werden. Zur Qualität eines Textes tragen das Überarbeiten und Redigieren entscheidend bei. Deshalb ist es wichtig, wie in Kapitel 2.2 dargelegt, von Anfang an Überarbeitungs- und Redaktionsphasen einzuplanen und dafür genügend Zeit vorzusehen.
Das Fertigstellen einer Arbeit umfasst heutzutage meist auch das Formatieren des Textes, damit der endgültige Ausdruck eine präsentable Form aufweist. Der Aufwand, um einen Text brauchbar zu formatieren, wird in der Regel unterschätzt. Das Formatieren ist mit viel Kleinarbeit und etlichen Kontrolldurchläufen verbunden.

Texte liegen lassen, lesen, gegenlesen lassen
Hilfreich ist es, den Text beim Überarbeiten einer anderen Person zum Lesen zu geben. Vier Augen sehen mehr als zwei. Vor allem hat der Autor oder die

4.2 Überarbeiten und Korrigieren

Autorin oft nicht mehr genügend Distanz zum eigenen Text, weshalb unfertige oder weniger gelungene Stellen nicht mehr erkannt werden. Kritische Anmerkungen und das Benennen von nicht überzeugenden Stellen sind wertvolle Hinweise für das Überarbeiten eines Textes. Man sollte es sich am besten zur Regel machen, keinen Text aus der Hand zu geben, der nicht von jemandem gegengelesen worden ist.

Man kann auch sich selber einen etwas distanzierteren Blick auf einen eigenen Text verschaffen. Eine gute Möglichkeit ist es, den Text ein paar Tage liegen zu lassen und ihn sich erst danach erneut vorzunehmen. Wenn man keine Zeit mehr hat fürs Liegenlassen, kann man sich einen Text auch dadurch etwas verfremden, dass man ihn in einer anderen Schrift und einer anderen Schriftgröße ausdruckt. Das geht allerdings nur, wenn der Text noch nicht fertig formatiert ist. Für die Schlusskorrektur muss der Text dann natürlich definitiv formatiert vorliegen.

Das Wieder- und Gegenlesen lässt einen nicht nur Schreibfehler oder sprachliche Unkorrektheiten erkennen. Es fördert auch die Wahrnehmung von weniger gelungenen Stellen. Textstellen, über die jemand beim Lesen stolpert oder die nicht auf Anhieb überzeugen, sollten noch einmal einer genauen Prüfung und Überarbeitung unterzogen werden.

Korrekturzeichen verwenden

Beim Korrekturlesen von Arbeiten ist es von Vorteil, sich der üblichen Korrekturzeichen zu bedienen. Sind mehrere Leute am Korrekturlesen beteiligt, ist das Benutzen der Korrekturzeichen fast unabdingbar. Diese schaffen Klarheit. Einige wichtige Korrekturzeichen sind im Folgenden angegeben. Eine umfassende Übersicht findet sich in der jeweils aktuellen Auflage des Rechtschreibdudens vor dem Wörterverzeichnis in dem Kapitelchen *Textkorrektur*.

4 Schreiben

1. Alle eingetragenen Korrekturzeichen müssen eindeutig sein.
2. Jedes Korrekturzeichen muss am Rand wiederholt werden, oft mit weiteren Korrekturangaben.
3. Bei mehreren Korrekturen innerhalb einer Zeile sind verschiedene Korrekturzeichen zu verwenden.
4. Erklärende, nicht im Text wiederzugebende Vermerke werden in Doppelklammer gesetzt.
5. Die Korrekturen sollen farbig eingetragen werden.
6. Überflüssige Buchstaben, Wörter oder Satzzeichen werden durchgestrichen und am Rand mit ∾ vermerkt (∾ = deleatur [lat.] – es werde gelöscht).
7. Fehlende Buchstaben, Wörter oder Satzzeichen werden korrigiert, indem der vorausgehende durchgestrichen und Rand zusammen mit dem fehlenden wiederholt wird.
8. Vertauschte Buchstaben oder Wörter mit werden dem Umstellungszeichen versehen.
9. Eine falsche Schriftart oder einen falschen Schriftstil kennzeichnet man mit Unterstreichung und Vermerk am Rand.
10. Ein fehlender Wortzwischenraum wird durch ⌐, ein fehlender Absatz wird mit ⌐ im Text und am Rand gekennzeichnet. Zu weiten Zwischenraum bezeichnet das Zeichen ↑.
11. Ein überflüssiger Absatz wird durch eine verbindende Schleife korrigiert.
12. Irrtümliche Korrekturen werden durch Unterpunktierung und Streichung der Anmerkung am Rand rückgängig gemacht.

■ 4.3 Bemerkungen zu Textsorte und Stil

Wissenschaftliche Texte sollten in einem sachlichen, objektiven Stil gehalten sein und möglichst präzise und eindeutig formuliert werden. Fachbegriffe sind angemessen und terminologisch bewusst zu verwenden und, wo nötig, zu klären.

Explizit ausformulieren mit allen Argumenten

Die Nachprüfbarkeit von Methoden und Ergebnissen ist eine der wesentlichen Bedingungen von Wissenschaftlichkeit. Deswegen muss die Darstellung in einer wissenschaftlichen Arbeit auf Nachvollziehbarkeit angelegt sein. Nicht nur die verwendeten Begriffe sind zu klären. Das Vorgehen, gewählte Methoden, getroffene Annahmen und Entscheide müssen offengelegt und begründet werden. Der fachliche Hintergrund und benutzte Quellen müssen ersicht-

4.3 Bemerkungen zu Textsorte und Stil

lich sein; Überlegungen und Schlussfolgerungen sind vollständig argumentativ darzulegen.

Beim Schreiben einer Arbeit ist also ein explizites, beinahe ein überexplizites Darlegen erforderlich. Damit sei nicht umfangreichen, langatmigen Darstellungen das Wort geredet. Vielmehr geht es darum, Gegebenheiten zu benennen und Überlegungen vollständig auszuformulieren.

Hausarbeiten und Abschlussarbeiten werden vor allem von Dozierenden gelesen. Insbesondere bei Hausarbeiten kann man davon ausgehen, dass der tatsächliche Leser dieser Arbeit in der Regel den fachlichen Hintergrund gut kennt und auch mit dem Thema einigermaßen vertraut ist. Das verleitet eher zu einem weniger expliziten Schreiben. Deshalb ist es wichtig, sich beim Verfassen der Konvention zum fast überexpliziten Darlegen bewusst zu sein. Es bewährt sich, beim Schreiben weniger an den tatsächlichen, sondern eher an einen abstrakten Leser zu denken. Diesen kann man sich als wissenschaftlich interessierte, wohlwollende Person vorstellen, der das Thema der gerade entstehenden Arbeit unbekannt ist. Wenn man beim Verfassen einer Arbeit überlegt, ob man diesen oder jenen Punkt explizit erwähnen soll, lasse man sich von dieser Vorstellung leiten.

»Ich«: noch immer selten, aber nicht verboten

Wissenschaftliche Texte enthalten selten persönliche Aussagen. Schließlich dienen sie nicht dem Ausdruck von Gefühlen und Befindlichkeiten. Um der Objektivität und Sachlichkeit der Darstellung willen ist früher der Gebrauch des Pronomens *ich* gar ganz vermieden worden. Das Pronomen *ich* lässt sich umgehen durch Ausweichen auf die Pronomen *man* oder *wir* oder durch Passivformulierungen. Man kann auch von sich in der dritten Person sprechen *(Die Verfasserin ist der Überzeugung ... Es kann nicht Sache des Rezensenten sein ...)* oder auf eigene Publikationen verweisen: *Schon in Niederhauser (2009) wurde dargelegt ...*

Bei aller gebotenen Zurückhaltung vor persönlichen Aussagen darf man aber in einer wissenschaftlichen Arbeit durchaus *ich* sagen. Dies gilt besonders in Einleitungskapiteln. Auf jeden Fall ist es besser, das Pronomen *ich* zu verwenden, als eine verkrampfte Ersatzformulierung zu benutzen. Das Pronomen *wir* wird heutzutage nur verwendet, wenn wirklich eine Mehrzahl, eine Arbeitsgruppe oder ein Autorenteam, gemeint ist.

5 Elemente und Gestaltung einer Arbeit

■ 5.1 Bestandteile und Gliederung

Bei Leistungsnachweisen sollten Sie also darauf achten, dass die formalen Dinge hundertprozentig stimmen.
Werner Sesink

Eine wissenschaftliche Arbeit besteht in der Regel aus folgenden Teilen:
- Titel
- Vorwort
  Ein Vorwort ist nur bei umfangreicheren Arbeiten üblich. Es enthält Angaben zur persönlichen Motivation, zu wissenschaftlichen Anregungen, zur Betreuung und allfälligen Dank an beteiligte Personen.
- Inhaltsverzeichnis (vgl. Kapitel 5.2)
- Einleitung
  Einbettung des Themas in ein weiteres Umfeld und in den Rahmen der jeweiligen Fachdiskussion; Eingrenzung des Themas und knappe Erläuterung der gewählten Fragestellung; Hinweise auf das untersuchte Material und die verwendeten Untersuchungsmethoden; kurze Darstellung der Abfolge und des Inhalts der einzelnen Kapitel; allenfalls darstellungstechnische Hinweise, etwa zur Transkription oder Wiedergabe von Zitaten
- Hauptteil
  (Forschungsstand – Untersuchungsgegenstand – Methoden – Ergebnisse)
  Die einzelnen Elemente des Hauptteils können je nach Umfang und Art der Arbeit in mehrere Kapitel unterteilt werden.
  Forschungsstand: Begriffsklärungen; Einordnung und Erläuterung der behandelten Fragestellung; in umfangreichen Arbeiten knappe Übersicht über die vorliegende Forschung zum Thema
  Untersuchungsgegenstand: Charakterisierung des der Untersuchung zugrunde gelegten Materials (Quellen, Korpus etc.); Begründung der getroffenen Auswahl
  Methoden: Umfassende Beschreibung des methodischen Vorgehens; Begründung der Wahl der verwendeten Untersuchungsmethode(n)
  Ergebnisse: Darstellung und Diskussion der Ergebnisse
- Schluss
  Kurze Zusammenfassung der Ergebnisse; allenfalls Ausblick auf mögliche ergiebige Ansatzpunkte für weiterführende Untersuchungen und Überlegungen
- Bibliografie/Literaturverzeichnis

- (allenfalls) Verzeichnis von Abbildungen, Tabellen etc. (vgl. Kap. 5.4.1)
  Anhang
  Ein Anhang ist nicht bei jeder Arbeit notwendig. Er ermöglicht es, einer
  Arbeit Quellen, Illustrationen, bestimmte Auswertungen (Auszählungen),
  vollständige Auflistungen von Beispielen oder Ähnliches beizugeben.
  Durch die Präsentation von Materialien im Anhang kann eine bessere
  Nachvollziehbarkeit der in einer Arbeit dargelegten Untersuchung gewähr-
  leistet werden. Zudem lässt sich durch einen Anhang auch der Hauptteil
  entlasten, etwa indem einzelne Ergebnisse anhand von ein, zwei typischen
  Beispielen dargestellt und diskutiert werden können, ohne dass der Text
  jeweils durch eine vollständige Liste der einschlägigen Beispiele unterbro-
  chen werden muss. Diese Listen finden sich dann im Anhang.

■ 5.2 Inhaltsverzeichnis und Kapiteleinteilung

Das Inhaltsverzeichnis soll die Arbeit erschließen, indem es ihre Gliederung
ersichtlich macht. Deshalb ist auf eine möglichst übersichtliche Gestaltung
des Inhaltsverzeichnisses zu achten. Übrigens muss das Inhaltsverzeichnis
selber nicht als Eintrag im Inhaltsverzeichnis aufgeführt werden.

Kapitelnummerierung mit Ziffern

Im Interesse einer guten Lesbarkeit sollte die Einteilung eines Textes in viele
kleine Unterkapitelchen vermieden werden. Eine allzu detaillierte Gliederung
wirkt eher verwirrend.
Zur Kennzeichnung der verschiedenen Kapitel, Unterkapitel und Abschnitte
hat sich heute eine fortlaufende, gestufte Abschnittsnummerierung mit arabi-
schen Ziffern durchgesetzt, die oft fälschlich als Dezimalklassifikation
bezeichnet wird. Die Kapitel einer Arbeit werden von 1 an fortlaufend numme-
riert (Gliederung der 1. Stufe). Jedes Kapitel kann wiederum in beliebig viele
Unterkapitel unterteilt werden, die mit der vorangesetzten Kapitelnummer
ebenfalls eine fortlaufende Nummerierung erhalten (Gliederung der 2. Stufe).
Dieses Verfahren kann auf weiteren Stufen der Gliederung fortgesetzt werden.

1/2/3/usw.
3.1 /3.2 /usw.
3. 2.1/3. 2.2/usw.

5 Elemente und Gestaltung einer Arbeit

Zwischen die Ziffern einer bestimmten Nummerierung werden Punkte gesetzt, jedoch nicht nach der letzten Ziffer. Eine weitere Gliederungsstufe wird sinnvollerweise nur dann angesetzt, wenn sich auf dieser Stufe mindestens zwei Kapitel ansetzen lassen. Eine Gliederung 5.4.3 – 5.4.3.1 – 5.4.4 ist nicht durchdacht. Zwischen dem Titel der übergeordneten Gliederungsstufe und dem ersten Titel der untergeordneten Gliederungsstufe steht kein Text (z. B. zwischen 5 und 5.1 oder 5.3.3 und 5.3.3.1).

■ 5.3 Titelblatt

Auf dem Titelblatt einer schriftlichen Arbeit sollten Thema und Art der Arbeit sowie beteiligte Institutionen und Personen ersichtlich sein. An einzelnen Universitäten, Fakultäten oder Instituten ist für Examensarbeiten oder Dissertationen die genaue Gestaltung des Titelblatts vorgeschrieben, natürlich mit Ausnahme der variablen Textelemente wie Namen und Thema. Abgesehen von speziellen Vorschriften gehören folgende Elemente auf ein Titelblatt:

- Titel der Arbeit, eventuell mit Untertitel
- Art der Arbeit und Fach

  Proseminararbeit im Fach Mittelalterliche Geschichte

  BA-Arbeit im Fach Klinische Psychologie

- Universität, Fachhochschule oder Schule
- evtl. Veranstaltung, mit der die Arbeit im Zusammenhang steht
- Name des betreuenden Dozenten, der betreuenden Dozentin (eingereicht bei ...)
- Name des Verfassers, der Verfasserin (vorgelegt von ...)

Empfehlenswert ist es, bei Seminar- und Hausarbeiten gleich auch Adresse, Telefon und E-Mail-Adresse anzugeben.

- Ort und Datum (Monat und Jahr)

5.3 Titelblatt

Beispiele für Titelblätter:

Facharbeit

Planung und Aufbau einer Benutzerverwaltung für eine Schulbibliothek

Facharbeit
im Leistungskurs Informatik

Erich-Maria-Remarque-Gymnasium
Osnabrück

eingereicht bei
Dr. Annelies Huber

vorgelegt von
Hannelore Ulrich und Ernst Weiß
Jahrgangsstufe 1

Osnabrück, November 2010

5 Elemente und Gestaltung einer Arbeit

Beispiel für Titelblatt

Seminararbeit

Religion in der Schulstube?

Zur Entwicklung eines
pädagogisch umstrittenen
Schulfachs im staatlichen
Schulwesen des Kantons Aargau

Seminararbeit
im Fach
Allgemeine Pädagogik
an der
Universität Bern

eingereicht bei
Prof. Dr. Martina Späni

vorgelegt von
Hansjakob Gantenbein

Musterstrasse 37
3008 Bern
031 302 25 58
hjgantenbein@provider.ch

Bern, Dezember 2009

5.3 Titelblatt

Beispiel für Titelblatt

Masterarbeit (Master Thesis)

Intentionen und Konventionen pragmatisch gesehen

Zur Reichweite der Theorien von Austin und Grice

MA-Arbeit im Fach
Philosophie

an der
Universität Mannheim

eingereicht bei
Prof. Dr. Georg Meggle

VORGELEGT VON
Hans Wiederkehr

Ludwigshafen, Juni 2010

5 Elemente und Gestaltung einer Arbeit

Beispiel für Titelblatt

Doktorarbeit

Wie stark sind
die starken Verben noch?

Untersuchungen zur Geschichte
der deutschen Verbmorphologie

**Inauguraldissertation
der Philosophisch-historischen Fakultät
der Universität Hamburg
zur Erlangung der Doktorwürde**

vorgelegt von

Barbara Huber

eingereicht bei

Prof. Dr. Ingrid Schröder
und
Prof. Dr. Jürgen Schiewe

Ramhusen, Februar 2009

5.4 Weiteres

5.4.1 Abbildungen, Grafiken, Tabellen

Sämtliche Abbildungen, Grafiken und Tabellen sind zu nummerieren und mit einer Bildlegende zu versehen. So lässt sich im Text problemlos auf Abbildungen oder Tabellen verweisen und Bezug nehmen *(vgl. Abb. 2; wie in Tabelle 7 dargestellt)*. Dank der kurzen Erläuterung in der Legende ist auch sofort ersichtlich, worum es in der betreffenden Abbildung oder Tabelle geht. Zwischen der Bildlegende und dem Lauftext der Arbeit sollte ein Abstand von mindestens fünf Millimetern eingefügt werden.

Wenn eine Arbeit viele Abbildungen und Tabellen (Faustregel: mehr als sieben) enthält, empfiehlt es sich, nach dem Inhaltsverzeichnis eigene Verzeichnisse der Abbildungen und der Tabellen einzufügen.

5.4.2 Abkürzungen und Kürzel

Abkürzungen erleichtern das Schreiben und ermöglichen eine platzsparende Darstellungsweise, aber sie erschweren das Lesen. Besonders unbekannte Abkürzungen stören den Lesefluss. Deshalb ist beim Gebrauch von Abkürzungen innerhalb eines Textes Zurückhaltung angesagt. Wer viele und zudem unbekannte Abkürzungen benutzt, sollte diese in einem eigenen Abkürzungsverzeichnis aufführen. Abkürzungen sind innerhalb einer Arbeit einheitlich zu verwenden. Wer bestimmte Ausdrücke abkürzt, sollte darauf achten, die betreffenden Ausdrücke immer abgekürzt zu schreiben. Dies gilt nicht für den Satzanfang, denn dort verwendet man keine Abkürzungen.

5 Elemente und Gestaltung einer Arbeit

Gängige Abkürzungen in wissenschaftlichen Texten

Abb.	Abbildung	Lit.	Literatur
Anm.	Anmerkung	neubearb.	neu bearbeitet
Aufl.	Auflage	Nr.	Nummer
Bd., Bde.	Band, Bände	o. J.	ohne Jahr(esangabe)
bearb.	bearbeitet	o. O.	ohne Ort(sangabe)
Bsp.		p. (Pl. pp.)	page, pagina
(auch: Beisp.)	Beispiel	s.	siehe
bzw.	beziehungsweise	S.	Seite oder Seiten
ca.	circa	s. o.	siehe oben (für Verweise
d. h.	das heißt		innerhalb des eigenen Tex-
d. i.	das ist		tes; kann sich auf jede vor-
Diss.	Dissertation		angegangene Stelle bezie-
ed., eds.	editor, editors; edited by		hen. Wenn möglich, mit
ersch.	erscheint, erschienen		genaueren Angaben verse-
erw.	erweitert		hen, z. B. s. o. Tab. 17)
et al.	et alii (›und andere‹)	Tab.	Tabelle
f.	und folgende Seite	u. a.	unter anderem; und andere
ff.	und folgende Seiten	u. Ä.	und Ähnliche(s)
Fig.	Figur	überarb.	überarbeitet von
Hg., Hrsg.	Herausgeber	übers.	übersetzt
hg.		usw.	und so weiter
(auch: hrsg.)	herausgegeben	verb.	verbessert
Jh.		Verl.	Verlag
(auch: Jhdt.)	Jahrhundert	vgl.	vergleiche
Jg.	Jahrgang	wiss.	wissenschaftlich
Kap.	Kapitel	z. B.	zum Beispiel

Abkürzungen sind festgelegt

Die geläufigen Abkürzungen sind festgelegt: Das Wort *Abbildung* etwa wird *Abb.* abgekürzt und nicht etwa *Abbl.* oder *Abdg.* Gängige Abkürzungen sind in Rechtschreibwörterbüchern (Duden 2009) oder in Bedeutungswörterbüchern (etwa Duden 2011) verzeichnet. Ausführlichere Informationen über Abkürzungen bietet das Abkürzungswörterbuch von Steinhauer (2011), das Aufschlüsse zur Klärung unbekannter Abkürzungen liefern kann. Einige in wissenschaftlichen Arbeiten gängige Abkürzungen sind in der Zusammenstellung oben auf dieser Seite aufgelistet.

Bei Abkürzungen, die aus mehreren durch Punkt getrennten Einzelbuchstaben bestehen *(d. h., z. B.)*, wird zwischen den einzelnen Buchstaben ein Abstand gesetzt; am besten ein sogenanntes geschütztes Leerzeichen, damit

5.4 Weiteres

eine solche Abkürzung am Zeilenende nicht etwa auseinandergerissen wird. Abkürzungen werden nicht getrennt. Abkürzungen stehen sowohl für den Singular wie für den Plural der Vollform. So steht *S.* sowohl für *Seite* wie für *Seiten*. Nur in wenigen Fällen hat sich der veraltete Gebrauch, den Plural durch die Verdoppelung des letzten Buchstabens der Abkürzung anzugeben, noch erhalten. Ein Beispiel dafür stellen die Angaben *f.* (»und folgende Seite«) und *ff.* (»und folgende Seiten«) dar. Allerdings ist die unbestimmte Angabe *ff.* zu vermeiden. Statt vage auf *S. 161 ff.* hinzuweisen, ist es leserfreundlicher, die genauen Seitenzahlen anzugeben (*S. 161–174*), auf die man sich bezieht (vgl. auch Kap. 7.1.2). Präzisierende Zusätze zu Ortsnamen sind mit Punkt abzukürzen; also: *Frankfurt a. M.* und nicht *Frankfurt a/M* oder *Frankfurt/M*.

Kürzel für häufige Begriffe
Eine wissenschaftliche Arbeit ist auf ein Thema ausgerichtet. Das bringt es mit sich, dass innerhalb einer Arbeit einzelne Begriffe, die zentral mit diesem Thema zu tun haben, immer wieder auftauchen. Gelegentlich begegnen einem Arbeiten, deren Autoren die zwei, drei häufigsten Begriffe mit Kürzeln bezeichnen, um sie nicht ständig ausschreiben zu müssen. So liest man beispielsweise *WT* für *Wissenschaftstheorie* oder *FP* für *Familienpolitik*. Diese Kürzel ersparen zwar Schreibaufwand, wirken aber beim Lesen eher störend. Textverarbeitungsprogramme ermöglichen es heute, beim Schreiben mit Kürzeln zu arbeiten und dennoch in der Schlussfassung alle Wörter auszuschreiben. Man muss nur daran denken, beim Ersetzen von Kürzeln durch Vollformen auf eventuell notwendige Anpassungen von Kasus und Numerus zu achten.

5.4.3 Fremdsprachige Begriffe
Einzelne fremdsprachige Ausdrücke oder Begriffe, die innerhalb eines deutschen Textes als Beleg oder Beispiel dienen, werden kursiv gesetzt. Wird für einen solchen Begriff eine Übersetzung, also eine deutschsprachige Bedeutung, angegeben, steht diese in einfachen Anführungsstrichen.

> Kernbegriff der schwedischen Innenpolitik war in den Jahren vor und nach dem Zweiten Weltkrieg das *folkhem*, ›Volksheim‹.

Bedeutungsangaben werden übrigens generell in einfache Anführungsstriche gesetzt.

5 Elemente und Gestaltung einer Arbeit

■ 5.5 Zur Gestaltung des Manuskripts

5.5.1 Technisches

Die elektronische Textverarbeitung hat die technische Seite des Schreibens wissenschaftlicher Arbeiten in vielerlei Hinsicht erleichtert. Ein Tippfehler unten an einer Seite hat nicht mehr zur Folge, dass die ganze Seite noch einmal abgeschrieben werden muss. Dass auf einer Seite genügend Platz für die Fußnoten zur Verfügung steht, dafür sorgt die Fußnotenverwaltung des Textverarbeitungsprogramms automatisch. Auch können wir problemlos zwischen verschiedenen Textstellen hin und her springen. Dabei empfiehlt es sich, unfertige Stellen deutlich zu markieren, beispielsweise mit *xxx*, einer Zeichenkombination, die in keinem Wort vorkommt. So lassen sich diese Stellen mit der Suchfunktion leicht finden. Mit *xxx* lässt sich vor dem Abspeichern auch die Stelle markieren, bei der man beim Ausformulieren stehen geblieben ist.

Formatieren von Texten kostet Zeit

Allerdings haben die Textverarbeitungsprogramme nicht nur Erleichterungen, sondern auch Mehrarbeit mit sich gebracht. Nun werden ganz andere Anforderungen an die Gestaltung von Texten gestellt. Genügte früher ein sauber getipptes Manuskript, müssen jetzt wissenschaftliche Arbeiten nicht nur getippt, sondern vor dem Ausdrucken regelrecht formatiert werden. Das Einrichten oder Formatieren eines Textes ist ein Arbeitsgang, dessen Zeitbedarf, wie erwähnt, vielfach unterschätzt wird.

Mit Details von Formatierungen sollte man sich während des Schreibens nicht befassen. Es lohnt sich aber, von Anfang an mit Druckformatvorlagen für wesentliche Gestaltungselemente des Textes (Lauftext, Zitate, Überschriften verschiedenen Grades, Literaturangaben, Fußnoten usw.) zu arbeiten, das heißt, den jeweiligen Textelementen das entsprechende Druckformat zuzuweisen. Viele Textverarbeitungsprogramme arbeiten abhängig vom Druckertreiber, weshalb die endgültige Formatierung des Textes erst auf dem Computer vorgenommen werden sollte, von dem aus dann auch der endgültige Ausdruck der Arbeit erstellt wird.

Weiter empfiehlt es sich, während des Verfassens einer Arbeit nicht auf eine neue Version des Textverarbeitungsprogramms oder gar ein anderes Programm zu wechseln, weil ein solcher Wechsel aller Erfahrung nach immer wieder unliebsame Überraschungen mit sich bringt.

5.5 Zur Gestaltung des Manuskripts

Typografische Hinweise

Einen Text richtig zu formatieren, setzt typografische Kenntnisse voraus, über die Laien in der Regel nicht verfügen. Beim Arbeiten mit dem Computer bedient man sich meist keiner gewöhnlichen Schreibmaschinenschrift (Courier), sondern Proportionalschriften wie Times, Times New Roman oder Helvetica. Bei solchen typografisch anspruchsvolleren Schriften wirkt es unschön, als Anführungszeichen die einfachen Strichlein von Schreibmaschinenschriften zu gebrauchen: "xxy". Vielmehr sollte man sogenannte typografische Anführungszeichen verwenden: „xxy" oder »xxy« (in der Schweiz «xxy»). Genauso sollte etwa als Strich für »gegen« oder »bis« der Gedankenstrich (Halbgeviertstrich) benutzt werden (S. 14–56) und nicht der einfache Wort- oder Bindestrich. Hinweise auf die übliche typografische Gestaltung enthält die jeweils aktuelle Auflage des Rechtschreibdudens in dem Kapitel »Textverarbeitung, Maschinenschreiben und E-Mails«, das sich vor dem Wörterverzeichnis findet. Eine kurz gefasste Einführung in typografisches Grundwissen bietet Willberg/Forssman (2001; für das Verfassen von Arbeiten vgl. besonders die Darlegungen zur Wissenschaftstypografie S. 88–95). Eine knappe Darstellung wesentlicher Gesichtspunkte der formalen Gestaltung findet sich in Friedrich (1997: 48–75).

Regelmäßig sichern

Ein Sicherheitshinweis, der eigentlich selbstverständlich ist, aber trotzdem nicht genug betont werden kann: Regelmäßiges und systematisches Sichern der bearbeiteten Dateien ist unerlässlich. Mindestens einmal pro Tag sollten die Dateien außerhalb der Festplatte des Computers auf einem externen Medium – auf einem Server, auf CD-ROMs, externen Laufwerken oder einem Memorystick – gesichert werden.

Schlusskontrollen nicht vergessen

Zum Fertigstellen des endgültigen Manuskripts einer Arbeit gehört das Korrekturlesen. Das Augenmerk liegt dabei vor allem auf der Überprüfung des Textes. Darüber hinaus lohnt es sich, im Ausdruck einige Punkte in einem jeweils eigenen Kontrollgang zu überprüfen: das Weiterlaufen des Textes beim Seitenwechsel, die Übereinstimmung des Inhaltsverzeichnisses mit den Überschriften im Text, die Seitenangaben im Inhaltsverzeichnis, die Übereinstimmung der Literaturverweise im Text und in Fußnoten mit den Angaben im Literaturverzeichnis.

5 Elemente und Gestaltung einer Arbeit

Es empfiehlt sich auch, bei den für das Einreichen kopierten Exemplaren der abgabefertigen Fassung zu überprüfen, ob wirklich jede Seite vorhanden ist.

5.5.2 Ein Vorschlag für die Seitengestaltung

Studentische Arbeiten werden einseitig gedruckt. Ihre Seiten sollten im Interesse der Leserlichkeit und wegen der Korrekturen nicht zu eng bedruckt sein.

- Seitenränder: links: 3,5 cm; rechts: 1,5 cm; oben: 2,5 cm; unten 2 cm
- Kopfzeile: 1,5 cm vom Blattrand, Fußzeile 1,25 cm vom Blattrand
- Seitenzahl: entweder in der Kopfzeile bündig mit dem rechten Rand oder in der Fußzeile in der Mitte oder am rechten Rand. Die Paginierung beginnt bei Seminararbeiten nach dem Inhaltsverzeichnis, bei größeren Arbeiten nach dem Titelblatt.
- Als Schriftgröße für den Lauftext empfiehlt sich 12 Punkt. Als Zeilenabstand ist das 1,3–1,5-Fache der Schriftgröße üblich; wenn man den Zeilenabstand genau einstellt, also 16 bis 18 Punkt.

6 Zitate und Anmerkungen

■ 6.1 Belegen und Verweisen

Treffende Bemerkungen darüber las ich einmal bei Erich Seeberg, weiß aber nicht mehr wo.
Hans-Georg Gadamer

Kennzeichen wissenschaftlicher Aussagen sind die Nachprüfbarkeit der Methoden, die Offenlegung der Quellen, die nachvollziehbare Darstellung der Argumentation und das Veröffentlichen der Ergebnisse. Diese Eigenschaften haben für das Schreiben einer Arbeit zur Folge, dass die Quellen und Werke, auf die man sich stützt, genau anzugeben sind, und zwar sowohl im Literaturverzeichnis, in dem ja sämtliche für eine Arbeit benutzte Literatur und Materialien aufgeführt werden, wie auch jedes Mal, wenn im Text auf sie zurückgegriffen wird. Das gilt auch dann, wenn nicht im Wortlaut zitiert wird, sondern eine Quelle lediglich sinngemäß benutzt wird.
Stützt man sich für die Darlegungen in einem Abschnitt wiederholt auf eine oder mehrere Quellen, so muss allerdings nicht jedes Mal ein Verweis angebracht werden. Vielmehr kann nach dem ersten Satz des Abschnitts in einem generellen Verweis auf diese Quellen hingewiesen werden, sodass danach nur noch wörtliche Zitate genau nachgewiesen werden müssen.

> 1 Die folgenden Darlegungen zur Entwicklung der Lehre der Naturwissenschaften an den Universitäten stützen sich auf Heidelberger/Thiessen (1981: 183–267), Teichmann 1980 (194–236) und Mason (1974: 137–320).

Allgemein Bekanntes nicht belegen

Es ist jedoch nicht jede Aussage zu belegen. Allgemeinwissen sowie in einem Fach allgemein bekanntes Wissen muss nicht belegt werden. Allerdings ist die Frage, was das genau sei, alles andere als trivial. Wer Goethe oder Kant erwähnt, bringt selbstverständlich keine Fußnote oder Klammer an mit dem Vermerk *bedeutender deutscher Dichter* oder *deutscher Philosoph*. Das würde eher lächerlich wirken. Aber wie steht es außerhalb der germanistischen Literaturwissenschaft mit Christian Friedrich Daniel Schubart oder Christian Dietrich Grabbe, wie in einer nicht philosophischen Arbeit mit Christian Garve? Die Ansprüche an die Zitiergenauigkeit hängen auch vom Textteil ab. So ist es beispielsweise bei einem Motto erlaubt, nur den Urheber der Äußerung und nicht die genaue Fundstelle anzugeben, was bei wörtlichen oder sinngemäßen Zitaten im laufenden Text nicht statthaft wäre.

6 Zitate und Anmerkungen

■ 6.2 Fußnoten/Anmerkungen

Fußnoten dienen dazu, Schulden zu bezahlen.
Umberto Eco

Der Spott über die Gelehrten und ihren »gelehrten Ballast« richtet sich auch gegen die Anmerkungen.
Adolf von Harnack

Fußnoten/Anmerkungen sind ein besonders auffälliges Gestaltungselement, sie gelten gar als kennzeichnendes Merkmal wissenschaftlicher Texte, zumindest deutschsprachiger. Gelegentlich wird außerhalb der Wissenschaften recht harsch auf Fußnoten reagiert, weil diese Form der Darstellung des Wissens offenbar etlichen Lesern als Inbegriff umständlicher und unzugänglicher Präsentation gilt.

Nützliche Fußnoten

Aversionen gegen Fußnoten sind aber noch lange kein Grund dafür, am besten gleich darauf zu verzichten, wie es sogar einzelne Anleitungen zum Verfassen wissenschaftlicher Arbeiten vorschlagen. Genauso wenig wie ein Text dadurch zu einem wissenschaftlichen wird, dass man ihn mit vielen Fußnoten versieht, führt allein der Verzicht auf Fußnoten zu besser lesbaren wissenschaftlichen Texten. Zudem würde man der textergänzenden und texterweiternden Funktionen der Fußnoten verlustig gehen: »Die Anmerkung [...] sie kann, sorgsam und umsichtig verwertet, sehr bedeutende Dienste tun« (Harnack: 1911: 160).
Fußnoten/Anmerkungen eröffnen die Möglichkeit, in einem Text mehrere Informationsebenen unterzubringen. Diese Mehrschichtigkeit ist sozusagen eine frühe Form von Hypertextualität.
Zu den Funktionen, die Fußnoten erfüllen können, gehören u. a. folgende:

- Fußnoten können der Dokumentation dienen, indem sie auf die Herkunft von Zitaten oder auf Literatur hinweisen. Was diese Funktion des reinen Belegnachweises oder des Verweises auf einzelne Titel betrifft, kann man allerdings tatsächlich meist auf Fußnoten verzichten. Derartige Nachweise lassen sich nämlich direkt in den Text integrieren, indem man mit dem Autor-Jahr-System arbeitet (vgl. Kapitel 7.1.2).
- Fußnoten ermöglichen die Einordnung eines im Text dargelegten Sachverhalts in die Fachdiskussion. Es kann auf wichtige Stationen der For-

6.2 Fußnoten/Anmerkungen

schungsgeschichte verwiesen werden oder es lassen sich unterschiedliche Positionen innerhalb der fachlichen Diskussion benennen. Es kann auch Literatur angegeben werden, in der der angesprochene Sachverhalt ausführlicher dargestellt wird. Auf ein oder zwei Titel kann gut im laufenden Text hingewiesen werden. Umfangreichere Verweise lassen sich dagegen besser textergänzend in einer Fußnote anbringen.

- Fußnoten ermöglichen es, den eigenen Argumentationshintergrund zu verdeutlichen, indem man in ihnen darauf hinweist, durch welche Personen oder Werke man zu bestimmten Untersuchungen oder Gedankengängen angeregt worden ist.
- Fußnoten dienen dazu, Feststellungen des Textes zu ergänzen durch die Präsentation von Beispielen, von zusätzlichen Informationen. Sie erlauben es auch, Kommentare anzubringen oder ein unterstützendes Zitat zu nennen, das den Textfluss stören würde.
- Fußnoten können die Übersetzung einer fremdsprachigen Textstelle enthalten oder umgekehrt das Zitat in der Originalsprache.

Fußnoten sind jedoch keine Sammelbecken der Mitteilsamkeit, in denen alle möglichen Notizen und Lesefrüchte untergebracht werden können. Jede Fußnote/Anmerkung muss im Hinblick auf den gesamten Text ausgerichtet und angemessen sein.

Platzierung am Seitenende
Fußnoten werden gelegentlich nicht direkt unten an der Seite gedruckt, sondern als Anmerkungen gesamthaft an den Schluss des Textes gestellt. Die Platzierung von Fußnoten als Anmerkungen am Textende ist, zumindest in wissenschaftlichen Publikationen, sehr leserunfreundlich und heute, da die meisten Textverarbeitungsprogramme über eine automatische Fußnotenverwaltung verfügen, nicht mehr gerechtfertigt.

Platzierung des Fußnotenzeichens
Eine Fußnote kann sich auf ein einzelnes Wort oder auf einen ganzen Satz beziehen. Das hat auch Auswirkungen auf die Platzierung der Fußnotenzeichen. Wenn sich die Fußnote auf den ganzen Satz bezieht, steht das Fußnotenzeichen nach dem Satzschlusszeichen. Bezieht sich die Fußnote nur auf ein Wort oder eine Wortgruppe, steht das Fußnotenzeichen unmittelbar nach diesem Wort oder dieser Wortgruppe, also vor dem Satzschlusszeichen.

6 Zitate und Anmerkungen

■ 6.3 Zitate und Zitieren

So ein paar grundgelehrte Zitate zieren den ganzen Menschen.
Heinrich Heine

Direkte wörtliche Übernahmen aus Quellen und Fachliteratur müssen als Zitate gekennzeichnet werden, sei es durch Anführungsstriche oder indem sie auf andere Weise typografisch abgehoben werden.

Anführungszeichen oder Einrücken
Kürzere Zitate werden mit Anführungszeichen versehen in den Text gesetzt. Als kürzer gelten Zitate, die nicht länger als drei Zeilen sind. Längere Zitate werden der Übersichtlichkeit halber besser durch Einrücken, einen engeren Zeilenabstand und manchmal eine kleinere Schriftgröße (mindestens 2 Punkt Unterschied) deutlich vom übrigen Text abgehoben. Ein derart gekennzeichnetes Zitat braucht nicht mehr in Anführungszeichen gesetzt zu werden. Ein mögliches Format für diese Abhebung längerer Zitate ist ein Einzug von 1 cm links und rechts, eine Schriftgröße von 10 Punkt mit einem der Schriftgröße entsprechenden Zeilenabstand (vgl. Kapitel 5.5.2) und einem Abstand vor und nach dem Zitat von je 5 mm (6 Punkt). Gelegentlich werden längere Zitate auch durch die Wahl einer anderen Schrift hervorgehoben.
Es kann auch vorkommen, dass man eine Stelle zitiert, in der selber schon ein Ausdruck zitiert wird, also in Anführungszeichen steht. Wenn dieses Zitat mit Anführungszeichen versehen in den Text der Arbeit eingefügt wird, werden die ursprünglichen Anführungszeichen innerhalb des Zitats durch einfache Anführungsstriche ersetzt.

> »Angesichts dessen mag die Propagierung ›kommunikativer Monosemierung‹ im Gegensatz zu ›system- oder textimmanenter Monosemierung‹ die einzig sinnvolle Konsequenz für den Umgang mit Fachsprachen sein.«

Bei längeren Zitaten, die nicht durch einrahmende Anführungszeichen, sondern durch Einrücken oder andere typografische Hilfsmittel gekennzeichnet sind, können im zitierten Text die ursprünglichen Anführungszeichen beibehalten werden.

6.3 Zitate und Zitieren

Genau zitieren

Das Zitat muss der Vorlage genau entsprechen, mit all ihren sprachlichen Eigenheiten, veralteten Formen und auch mit Fehlern. Im Zweifelsfalle lohnt es sich, den Wortlaut eines Zitats noch ein weiteres Mal zu verifizieren, denn beim Abschreiben unterlaufen einem erstaunlich viele Fehler. Enthält eine zitierte Stelle offensichtliche Sprachfehler oder Abweichungen vom heutigen Sprachgebrauch, übernimmt man diese und setzt in eckigen Klammern den Vermerk [sic] dahinter. *Sic,* das lateinische Wort für ›so‹, dient als Kurzform für die Aussage »so lautet die Quelle«. Falls nötig, kann man auch in einer Klammer nach dem Zitat oder einer Fußnote auf sprachliche oder gestalterische Eigenheiten der Vorlage hinweisen:

> »kürze und leichtigkeit des ausdrucks, die im ganzen nicht unser vorzug sind, weichen vor diesem geschlepp und gespreize der buchstaben völlig zurück« (Grimm 1854: LIV) [Kleinschreibung im Original].

> Bei allen fachspezifischen und individuellen Unterschieden kann doch »von *einem* Konzept des Wissenschaftlichen Artikels ausgegangen werden« (Graefen 1997: 8) [Hervorhebung und Großschreibung im Original].

Veränderungen, die man innerhalb des zitierten Texts vorgenommen hat, müssen mit eckigen Klammern gekennzeichnet werden. Auf diese Weise werden angezeigt:

- Auslassungen durch drei Punkte,
- Änderungen (z. B. syntaktisch bedingte Anpassungen einer Wortform) oder
- Ergänzungen (z. B. Erläuterungen von Ausdrücken, die sich aus der zitierten Stelle nicht erschließen lassen); Ergänzungen sind zudem mit den Initialen des Verfassers oder der Verfasserin der Arbeit zu versehen.

> Die Einzelabänderungen – Fixirung [sic] des Schwankenden – können hier weder speziell aufgeführt, noch begründet werden. Sie bestehen meist in der Anwendung längst gutgeheissener Grundsätze auf Ausnahmen [...] (Schweizerischer Lehrerverein 1882: VII).

> Sie liegen wie ein »drückende[r] Ring« um die deutsche Gemeinsprache.

> In addition to translating it [= die Forschungsergebnisse von Wissenschaftlern, J. N.] for the reader, [...], we must point out if it is controversial or well regarded in the field. We have all heard from scientists who were hurt that we didn't use precisely their language in the story. (Russell 1986: 92)

6 Zitate und Anmerkungen

Zitate mit eigenem Text verbinden

Zitate können in einen Satz der eigenen schriftlichen Arbeit eingebaut werden. Die zitierte Stelle und der sie umfassende Satz sind grammatikalisch möglichst genau aufeinander abzustimmen, was zu syntaktisch notwendigen Anpassungen zitierter Ausdrücke führen kann. Soweit durchführbar, sind auch fremdsprachige Zitate an den umfassenden Satz anzupassen. Einige Beispiele:

> Sie liegen »wie ein großer Kranz« oder ein »drückende[r] Ring« um die deutsche Gemeinsprache und beeinflussen diese vielfältig.

> Bei einer gelungenen, eleganten und klaren mathematischen Formulierung drängen sich, mit von Weizsäckers Worten ausgedrückt, »ästhetische Kategorien unausweichlich auf«, wenn man über dieses Werk sprechen will.

> Die Messtechniker bestätigten, »that they had not been able to identify the object«.

Verkrampfte Verbindungen zwischen Zitat und eigenem Text sollten vermieden werden. Abzuraten ist von Sätzen, die, genau genommen, aus zitierten Ausdrücken und einigen syntaktisch verbindenden Wörtern bestehen. Selbstverständlich dürfen bei dieser Verflechtung von Zitat und eigenem Text zitierte Aussagen nur so in eigene Formulierungen eingebunden werden, dass sie dem Sinn des zitierten Textes entsprechen.

Zitate aus zweiter Hand

Wenn irgendwie möglich, wird eine Stelle direkt zitiert und nicht nach einer Quelle, in der die betreffende Stelle schon als Zitat vorliegt. Zitieren aus zweiter Hand ist nur dann zulässig, wenn nicht mit vertretbarem Aufwand auf das Original zurückgegriffen werden kann. Das zumutbare Maß des Aufwandes hängt vom Thema und der Ausrichtung der Arbeit ab. Wird eine Quelle nicht direkt, sondern aus zweiter Hand zitiert, ist dies zu vermerken (vgl. auch Kapitel 2.5):

> Leonardo da Vinci, zitiert nach Olschki (1918: 354).

Ungedrucktes

In der Regel wird aus gedruckten und veröffentlichten Quellen, aus Büchern, Artikeln und Aufsätzen oder aus offiziell archivierten Quellen zitiert. Es ist

6.3 Zitate und Zitieren

aber unter Umständen möglich, bei einigen Themen sogar erforderlich, sich auch auf unveröffentlichte Werke, private Unterlagen und persönliche Mitteilungen zu stützen und aus solchen Unterlagen zu zitieren. Dies muss jeweils in einer Anmerkung oder Fußnote zum Zitat entsprechend festgehalten werden:

3   Smith, John: Persönlicher Brief an den Verfasser vom 5. September 2003.

4   Mündliche Mitteilung des Leiters der Brandenburgischen Staatskanzlei, Dr. XY, 11. November 2009.

23 Aus einem Probeartikel zum Wortkomplex Metalle, der in dem Seminar Wortforschung des Wintersemesters 2008/2009 vorgelegt wurde.

Sinngemäß zitieren

Nicht jede Quelle wird wörtlich zitiert. Man kann sich auch dem Sinn nach auf eine Quelle beziehen. Auch wenn bestimmte Publikationen oder Textstellen nicht im Wortlaut, sondern sinngemäß zitiert werden, muss auf die Quelle verwiesen werden. Dazu dient häufig die Abkürzung *vgl.* Beim sinngemäßen Zitieren ist darauf zu achten, den Sinn der Textstelle unverfälscht wiederzugeben und sicherzustellen, dass für die Lesenden deutlich ist, wann der Autor oder die Autorin der Arbeit spricht und wann die Quelle zu Wort kommt.

Hoffmann (1985: 66) hat selbst angemerkt, dass die Schichtenmodelle Vereinfachungen in Kauf nehmen und zum Teil virtuellen Charakter tragen.

Das trifft nicht in allen Wissenschaften in gleichem Maße zu; im Sprachgebrauch der Naturwissenschaften zeigt sich eher eine stärkere Eindeutigkeit der Termini (vgl. Jahr 1993: 33 f.).

7 Literatur- und Quellenangaben

■ 7.1 Verweisen auf Literatur im laufenden Text

7.1.1 Möglichkeiten des Verweisens auf Literatur

Wenn man sich an einer Stelle des Textes auf Literatur stützt oder ein Zitat einfügt, so muss, wie mehrfach erwähnt, an dieser Stelle mit genauen Angaben
auf die betreffende Literatur oder die Quelle des Zitats verwiesen werden. Weil
in einer Arbeit auf eine Quelle meist mehrfach zugegriffen wird, wäre es
äußerst unökonomisch, an jeder Stelle, an der auf eine bestimmte Quelle verwiesen wird, diese mit den vollständigen Literaturangaben zu zitieren. Deshalb
hat sich eine Reihe von Möglichkeiten für Kurzverweise auf Literatur im laufenden Text herausgebildet.

Veraltete Verweise und Kurzbelege

Früher war es, besonders in geisteswissenschaftlichen Arbeiten, üblich, eine
Quelle an der Stelle des Textes, an der sie zum ersten Mal erwähnt wurde, in
einer Fußnote mit den vollständigen Angaben aufzuführen. Wurde diese
Quelle im Laufe des Textes wieder erwähnt, so wurde auf sie mithilfe einer
Reihe von Abkürzungen, die verschiedene Unterscheidungen ausdrückten
(a. a. O, op. cit., loc. cit., ibid., ebd.), und gegebenenfalls mit Kurztiteln verwiesen. Verweise dieser Art sind veraltet. Seit einiger Zeit haben sich einfacher
zu handhabende, informativere Möglichkeiten des Verweisens auf Literatur
herausgebildet. Diese basieren auf dem Zusammenwirken von verweisendem
Kurzbeleg im Text oder in Fußnoten einerseits und dem Literaturverzeichnis
andererseits. Der Kurzbeleg wird im Literaturverzeichnis vollständig aufge-
schlüsselt.
Gelegentlich findet sich auch noch eine Kombination der alten und neueren
Art des Verweisens, indem eine Quelle bei der ersten Nennung in einer Fußnote vollständig angegeben und bei späteren Erwähnungen ein verweisender
Kurzbeleg verwendet wird. Auf diese erste umfassende Erwähnung kann aber
verzichtet werden, weil ja die vollständigen Angaben ohnehin im Literaturverzeichnis zu finden sind.

Autorname und Kurztitel

Für den Kurzbeleg, mit dem im Text auf Literatur verwiesen wird, haben sich
verschiedene Formen herausgebildet.
Eine Möglichkeit ist die Kombination von Autorname und Kurztitel. Für jede
Literaturangabe wird ein Kurztitel festgelegt. Im Text wird jeweils mittels die-

ses Kurztitels und des Namens des oder der Autoren auf das entsprechende Werk hingewiesen.

> Eine ausführliche Diskussion der Konzeption »Stil als Wahl« findet sich in Sanders: Stilistik: 87–98.

> Entsprechende Untersuchungen finden sich schon in den Dreißigerjahren (z. B. Fleck: Wissenschaftliche Tatsache).

Im Literaturverzeichnis wird der Kurzbeleg vor die eigentliche Literaturangabe gestellt, damit er leicht aufzuschlüsseln ist:

> Fleck: *Wissenschaftliche Tatsache:* Fleck, Ludwik: *Entstehung und Entwicklung einer wissenschaftlichen Tatsache. Einführung in die Lehre vom Denkstil und Denkkollektiv.* Mit einer Einleitung hrsg. von Lothar Schäfer und Thomas Schnelle. Frankfurt a. M.: Suhrkamp 1980 (= Suhrkamp Taschenbuch Wissenschaft; 312) [textidentisch mit der Erstausgabe Basel 1935].

> Sanders: *Stilistik:* Sanders, Willy: *Linguistische Stilistik. Grundzüge der Stilanalyse sprachlicher Kommunikation.* Göttingen: Vandenhoeck & Ruprecht 1977 (= Kleine Vandenhoeck-Reihe; 1437).

Referenznummern
Die knappste Form des Kurzbelegs stellt die Verwendung einer Referenznummer dar. Jede verwendete Quelle erhält eine Nummer entsprechend ihrem erstmaligen Auftreten im Text. Die Einträge des Literaturverzeichnisses sind nach den Nummern geordnet, die jeweils dem Eintrag in eckigen Klammern vorangestellt werden. So kann im Text auf einen Titel mit der bloßen, in der Regel in eckige Klammern gesetzten Referenznummer verwiesen werden.

> wie in [47] dargelegt wird / (vgl. dazu [18] und [23: 34–45]) / auch: (vgl. dazu [18] und [23: S. 34–45])

Das Verweisen mit Referenznummern ist vor allem in den Naturwissenschaften verbreitet.

7 Literatur- und Quellenangaben

7.1.2 Das Autor-Jahr-System

Empfehlenswert ist das sogenannte Autor-Jahr-System, das auch Harvard-(Zitier)system oder amerikanisches System genannt wird. Auf jede Quelle wird im Text mit Autornamen und Erscheinungsjahr verwiesen. Diese Kurzbelege lassen sich im Literaturverzeichnis leicht aufschlüsseln und sind anschaulicher als bloße Referenznummern.

Hinweise auf Literatur lassen sich sowohl in einer Fußnote wie auch als Klammer im Text anbringen.

> Für verfehlt halten wir die Zielperspektive des chomskyanischen Kompetenzkonzepts.[83] Das chomskyanische Kompetenzkonzept ...

> [83] Vgl. Chomsky 1973 a, 1973 b; Corder 1967; Seliger 1987 und viele andere. Man beachte auch etwa die unterschiedlichen Positionen bei Butzkamm 1989; Felix 1978 und Klein 1992 b.

> Für verfehlt halten wir die Zielperspektive des chomskyanischen Kompetenzkonzepts (vgl. Chomsky 1973 a, 1973 b; Corder 1967; Seliger 1987 und viele andere. Man beachte auch etwa die unterschiedlichen Positionen bei Butzkamm 1989; Felix 1978 und Klein 1992 b). Das chomskyanische Kompetenzkonzept ...

Platzieren der Verweise im Text

Bei umfangreicheren Verweisen empfiehlt es sich eher, Fußnoten zu benutzen. Hingegen lassen sich mit dem Autor-Jahr-System Verweise auf ein, zwei Titel nicht nur als Klammer problemlos im Text platzieren, sondern sogar regelrecht in den Textfluss integrieren.

> Das bei Thürmann/Otten (1992) vorgestellte Modell bilingualen Lernens bildet ...

> Dies fällt in eine eigentliche »Aufmerksamkeitslücke«, um mit Frey (1996: 35) zu sprechen.

Bei in den Text integrierten Verweisen stehen nur Jahreszahl und allenfalls Seitenzahl(en) in Klammern. Bildet der gesamte Literaturverweis einen Einschub in den Text, stehen Name, Jahreszahl und Seitenzahl(en) in Klammern.

> Zur sogenannten »Verwissenschaftlichung der Umgangssprache« vgl. besonders Pörksen (1985) und (1994: 265–295).

7.1 Verweisen auf Literatur im laufenden Text

[...] zu einem regelrechten Pestalozzi-Mythos (vgl. u. a. Osterwalder 1998: 56–114). Noch in der zweiten Hälfte des 20. Jahrhunderts [...]

Eine Klammer mit einem Literaturverweis (XY 2004: 87) steht innerhalb des Satzes, in dem von XY die Rede ist. Im Gegensatz zu einem Fußnotenzeichen, das mit dieser Autor-Jahr-Angabe im Lauftext eingespart wird, steht die Klammer mit dem Literaturverweis also vor dem Punkt des betreffenden Satzes. Ein Fußnotenzeichen ist typografisch nicht gleich in den Lauftext eingebunden wie eine Klammer. Eine Klammer nach dem Punkt würde optisch näher an den folgenden Satz gerückt als an den vorangehenden, zu dem sie inhaltlich effektiv gehört.
Eine frei schwebende Platzierung der Klammer ist allenfalls möglich am Schluss von längeren, typografisch durch Einrücken hervorgehobenen Zitaten:

xxxxx xxxxx xxxx xxxxxxxxxx xxxxx xxxxx xxxxxxxx xxxxxxxxxx xxx xxxxx xxxxxxxxxx xxxxxx

yyyyyyyyyyyy yyyyyyyyyyyyyyyy
yyyyy yyyyyyyyyyyyyyyyyyyyyyyy
yyyyyyyyyyy yyyyyyyyyyyyyyyyyyy
yyyyyyyyyyyy yyyyyyyyyyyyyy.
(Meyer 1987: 56)

xxxxx xxxxxxxxx xxxxxxxxxx xxx xxxxx xxxxxxxxxx xxxxxx

Genau verweisen
Leserinnen und Leser wissenschaftlicher Arbeiten haben Anspruch auf genaue Verweise. Deshalb sollte, wenn immer möglich, nicht generell auf eine Publikation, sondern auf einschlägige Stellen dieser Publikation verwiesen werden. Unbestimmte Verweise der Art S. 161 ff. sind eine Zumutung. Man verweist auch auf längere Passagen mit möglichst genauen Angaben: S. 161–174. Wenn innerhalb eines Abschnitts mehrfach nacheinander auf die gleiche Quelle zurückgegriffen wird, so genügt für die auf den ersten Verweis folgenden Verweise unter Umständen allein die Angabe der Seitenzahlen. Dies

7 Literatur- und Quellenangaben

natürlich nur, solange nicht zwischenhinein auf eine andere Publikation hingewiesen wird.

> Eine eingehende Erörterung der Diskussion um Schulentwicklung bietet Meier
> (1998). Nach einer kritischen Erörterung der die Weiterbildung dominierenden
> Modelle (45–112), die allesamt »statisch« ausgerichtet seien, entwickelt er sein
> Modell einer »vital-dynamischen Schulentwicklung« (115–134). Zusammenfassend
> (195 f.) stellt er fest ...

Mehrere Publikationen im gleichen Jahr
Hat ein Autor im gleichen Jahr mehrere Publikationen veröffentlicht, werden
zusätzlich zur Jahreszahl Kleinbuchstaben verwendet:

> Danneberg 2008 a/Danneberg 2008 b/Danneberg 2008 c usw.

Unsicherheiten bei der Jahreszahl
Natürlich gibt es Quellen, bei denen fraglich ist, welche Jahreszahl am besten
für den Kurzbeleg zu verwenden sei, etwa bei Übersetzungen. Hier nimmt
man in der Regel die Jahreszahl der deutschen Übersetzung und gibt im Literaturverzeichnis am Schluss der jeweiligen Literaturangabe die Jahreszahl der
Originalausgabe an.
Auch bei Nachauflagen stellt sich diese Frage. Bei unveränderten Nachdru-
cken nimmt man eher die Jahreszahl der Erstauflage, bei bearbeiteten und
veränderten Neuauflagen diejenige der Neuauflage. Im Literaturverzeichnis ist
dann jeweils auch die Jahreszahl der Nachauflage beziehungsweise der
Erstauflage anzugeben.
Bei literarischen Werken oder auch bei »klassischen« Werken einer Wissenschaft ist das Jahr der Erstausgabe als Jahreszahl für den Kurzbeleg geeignet.
Im Literaturverzeichnis ist selbstverständlich mit den übrigen Angaben zur
benutzten Ausgabe des betreffenden Werks auch deren Jahreszahl anzugeben.
Bei Unsicherheiten bedenke man, dass es nicht so entscheidend ist, mit welcher Jahreszahl der Kurzbeleg gebildet wird. Das Autor-Jahr-System ist in ers-
ter Linie ein Verweissystem mit der Funktion, eine eindeutige Zuordnung von
Kurzbeleg im Text zur vollständigen Angabe im Literaturverzeichnis sicherzustellen. Diese Funktion ist gewährleistet, ob man nun für den Kurzbeleg die
Jahreszahl der ersten Auflage nimmt und im Literaturverzeichnis ersichtlich
wird, dass man die fünfte Auflage benutzt hat, oder ob der Kurzbeleg mit der

Jahreszahl der fünften Auflage gebildet wird und dann dem Literaturverzeichnis zu entnehmen ist, dass die erste Auflage zehn Jahre vor der fünften erschienen ist.

Die Wahl der richtigen Jahreszahl ist vor allem für die Anschaulichkeit des Kurzbelegs von Bedeutung. Mit der Zeit sind einem wichtige Publikationen zu einem Themenbereich vertraut, sodass man sofort weiß, welche Publikation mit »Danneberg (2002)« gemeint ist.

■ 7.2 Literaturangaben

7.2.1 Zur prinzipiellen Form von Literaturangaben
Eine Literaturangabe hat zwei Funktionen zu erfüllen:
- Mit ihrer Hilfe muss sich eine angeführte Publikation eindeutig identifizieren lassen und
- sie muss alle notwendigen Informationen enthalten, die es ermöglichen, sich die Publikation in einer Bibliothek beschaffen zu können.

Mindestangaben
Um diese Funktionen erfüllen zu können, sind bei einer selbstständig erschienenen Publikation mindestens Autorname, Titel, Erscheinungsort und Erscheinungsjahr anzugeben:

> Donen, S./Kelly, G.: *Singing in the brain.* Los Angeles 1956.

> Henschel, G.: *Die wirrsten Grafiken der Welt.* Hamburg 2003.

Bei unselbstständig erschienenen Publikationen, also Zeitschriftenartikeln oder Beiträgen in einem Sammelband, werden benötigt: Autorname, Titel des Beitrags, Titel und Erscheinungsjahr der Zeitschrift oder Titel, Erscheinungsort und Erscheinungsjahr des Werks, in dem der Beitrag erschienen ist:

> Sinon, E./Evero, I./Ben Trovato, A.: »Psychopathological description of *La Furia di Caruso.*« In: *Folia clin. otorhinolaryngol.* 6 (1948), 362–364.

> Garcia, A.: »Knoblauch, der Edelproletarier.« In: Beck, Ch. et al. (Hg.): *Pfefferland. Geschichten aus der Welt der Gewürze.* Wuppertal 2002, 134–145.

7 Literatur- und Quellenangaben

In der Regel enthalten Einträge im Literaturverzeichnis nicht nur die minimal notwendigen Angaben, sondern weitere Informationen, etwa den vollen Vornamen des Autors, die Reihe, den Verlag, frühere Auflagen oder den Titel in der Originalsprache.

Schon ein Blick in die Literaturverzeichnisse einiger wissenschaftlicher Publikationen ein und desselben Faches zeigt, dass sich bei aller Beachtung der prinzipiellen Anforderungen und trotz standardisierter Darstellungsformen eine Fülle von Varianten findet – zumindest, was Details der Gestaltung von Literaturangaben betrifft. Die folgenden Beispiele geben Hinweise zur Gestaltung brauchbarer Literaturangaben und präsentieren ein mögliches Muster.

Typografische Hinweise

Die Literaturangaben im Literaturverzeichnis werden im Interesse der besseren Lesbarkeit von der zweiten Zeile an etwas eingerückt (hängender Einzug). Die gesamte Literaturangabe wird am Schluss durch einen Punkt abgeschlossen.

Die Leserlichkeit des Literaturverzeichnisses lässt sich auch noch dadurch erhöhen, dass Titel selbstständiger Veröffentlichungen mit Kursivschrift ausgezeichnet und Titel unselbstständiger Publikationen in Anführungszeichen gesetzt werden.

7.2.2 Selbstständig erschienene Quellen

Das Grundmuster für die Angaben einer selbstständig erschienenen Quelle lautet:

> Name, Vorname: *Titel. Untertitel.* Aufl.
> Verlagsort: Verlag Jahreszahl (= Reihe).

oder

> Name, Vorname (Jahreszahl): *Titel. Untertitel.* Aufl. Verlagsort: Verlag (= Reihe).

Bei der Verwendung des Autor-Jahr-Systems hat es sich eingebürgert, die Jahreszahl in runden Klammern vorne zwischen Autornamen und Doppelpunkt zu setzen. Sie wird dann hinten weggelassen. Die Auflage eines Buches wird erst angezeigt, wenn es sich um die zweite oder eine weitere Auflage handelt. Die einzelnen Angaben werden jeweils durch einen Punkt getrennt, zwischen Autor und Titel sowie Verlagsort und Verlag steht ein Doppelpunkt:

7.2 Literaturangaben

Henschel, Gerhard: *Die wirrsten Grafiken der Welt*. Hamburg: Hoffmann und Campe 2003.

Mittelstraß, Jürgen (1974): Die Möglichkeit von Wissenschaft. Frankfurt a. M.: Suhrkamp (= Suhrkamp-Taschenbuch Wissenschaft; 26).

Sanders, Willy (1998): Sprachkritikastereien. 2., überarb. Aufl. Darmstadt: Wissenschaftliche Buchgesellschaft.

Ist das Werk eines Verfassers übersetzt, herausgegeben, eingeleitet oder mit einem Nachwort versehen, werden nach dem Titel Übersetzer, Herausgeber oder Verfasser einer Einleitung genannt. Informationen zu Erstauflagen, weiteren Auflagen oder dem fremdsprachigen Originaltitel werden in eckigen Klammern ans Ende der Literaturangabe gesetzt:

Fleck, Ludwik (1980): *Entstehung und Entwicklung einer wissenschaftlichen Tatsache. Einführung in die Lehre vom Denkstil und Denkkollektiv.* Mit einer Einleitung hrsg. von Lothar Schäfer und Thomas Schnelle. Frankfurt a. M.: Suhrkamp (= Suhrkamp Taschenbuch Wissenschaft; 312) [textidentisch mit der 1. Aufl. von 1935].

Weizenbaum, Joseph (1978): *Die Macht der Computer und die Ohnmacht der Vernunft.* Übersetzt von Udo Rennert. Frankfurt a. M.: Suhrkamp (= Suhrkamp Taschenbuch Wissenschaft; 274) [Orig.: *Computer Power and Human Reason. From Judgement to Calculation.* 1976].

Traxler, Hans: Die Wahrheit über Hänsel und Gretel. Die Dokumentation des Märchens der Gebrüder Grimm. 19. Aufl. Frankfurt a. M.: Zweitausendeins [1. Aufl. 1963].

Ist ein Buch von zwei oder drei Autoren verfasst worden, wird zwischen die Namen der einzelnen Autoren ein Schrägstrich gesetzt. Bei mehr als drei Autoren wird nur der erste Name genannt und mit der Abkürzung *et al.* versehen:

Linke, Angelika/Nussbaumer, Markus/Portmann, Paul R. (2004): *Studienbuch Linguistik.* 5., erw. Aufl. Tübingen: Niemeyer (= Reihe Germanistische Linguistik; 121).

Knapp, Karlfried et al. (2004): *Angewandte Linguistik. Ein Lehrbuch.* Tübingen: A. Francke (= UTB; 8275).

7 Literatur- und Quellenangaben

Werke von Institutionen und amtlichen Stellen

Bei einer Publikation einer öffentlichen Körperschaft wird der Name der betreffenden Institution oder Amtsstelle als Verfasserangabe verwendet. Weil öffentliche Körperschaften Publikationen in der Regel selber herausgeben, ist kein Verlag anzugeben.

> UNESCO (2005): *Guidelines for Terminology Policies. Formulating and implementing terminology policy in language communities. Prepared by Infoterm.* Paris.

> Amt für Information des Kantons Bern (2001): *Richtig kommunizieren in schwierigen Situationen. Ein Leitfaden zu Kommunikation in Krisen und ausserordentlichen Lagen auf Gemeinde- und Bezirksstufe.* Bern.

> Bundesverwaltungsamt (2002): *Bürgernahe Verwaltungssprache.* 4. Aufl. Köln (= BBB-Arbeitshandbuch).

Sammelbände

Aus einer Literaturangabe muss ersichtlich sein, ob ein Werk von einem oder mehreren Autoren verfasst worden ist oder ob es sich um einen Sammelband handelt, der Beiträge verschiedener Autoren enthält. Deswegen ist dem Namen des oder der Herausgeber der Publikation der Vermerk (Hg.) in runden Klammern nachzustellen.

> Hengartner, Thomas/Rolshoven, Johanna (Hg.) (1998): Technik – Kultur. Formen der Veralltäglichung von Technik – Technisches als Alltag. Zürich: Chronos.

7.2.3 Unselbstständig erschienene Quellen

Beiträge in Sammelbänden

Das Grundmuster für die Angaben eines in einem Sammelband erschienenen Beitrags lautet:

> Name, Vorname (Jahreszahl): Titel. Untertitel. In: Name, Vorname (Hg.): *Titel. Untertitel.* Aufl. Verlagsort: Verlag (= Reihe), Seitenangabe.

Zur verdeutlichenden Hervorhebung können Titel und Untertitel des Beitrags in Anführungszeichen gesetzt werden.

7.2 Literaturangaben

> Name, Vorname (Jahreszahl): »Titel. Untertitel«. In: Name, Vorname (Hg.): *Titel.*
> *Untertitel.* Aufl. Verlagsort: Verlag (= Reihe), Seitenangabe.

Die Seitenangabe wird in der Regel mit der Abkürzung *S.* angegeben.

> Buchner, Jutta (1998): »Technik und Geschlecht«. In: Hengartner, Thomas/Rolsho-
> ven, Johanna (Hg.): Technik – Kultur. Formen der Veralltäglichung von Technik –
> Technisches als Alltag. Zürich: Chronos, S. 51–80.

Enthält der Titel des Beitrags Anführungszeichen, werden diese durch einfache Anführungsstriche wiedergegeben:

> Rosenfeld, Uta (1998): »›Auto, Leben und mehr ...‹. Alltäglichkeit und Genuss von
> Automobilität«. In: Hengartner, Thomas/Rolshoven, Johanna (Hg.) (1998): Tech-
> nik – Kultur. Formen der Veralltäglichung von Technik – Technisches als Alltag.
> Zürich: Chronos, S. 143–181.

Ist der Sammelband, in dem der Beitrag erschienen ist, ebenfalls als eigener
Eintrag im Literaturverzeichnis aufgeführt, so kann die Literaturangabe des
Beitrags auch mittels des Kurzbelegs des Sammelbandes gestaltet werden.

> Buchner, Jutta (1998): »Technik und Geschlecht«. In: Hengartner/Rolshoven (1998:
> 51–80).

> Rosenfeld, Uta (1998): »›Auto, Leben und mehr ...‹. Alltäglichkeit und Genuss von
> Automobilität«. In: Hengartner/Rolshoven (1998: 143–181).

Artikel in wissenschaftlichen Zeitschriften
Bei Artikeln in Zeitschriften wird kein Ort angegeben, hingegen die Band- oder
Jahrgangsnummer, an die die Seitenangabe mit Komma angeschlossen wird.

> Name, Vorname (Jahreszahl): »Titel. Untertitel«.
> In: *Titel der Zeitschrift* Bandnummer, Seitenangabe.

> Pobell, Frank (1987): »Supraleitung bei sehr tiefen Temperaturen«.
> In: *Naturwissenschaften* 74, S. 168–174.

Ein Großteil der wissenschaftlichen Zeitschriften erscheint mit einer Seitenzählung, die über die verschiedenen Hefte eines Jahrgangs hinweg durchgeht.

7 Literatur- und Quellenangaben

Erst im neuen Jahrgang, im neuen Band, wird neu gezählt. Es gibt aber auch Zeitschriften, deren Seitenzählung nicht durchgeht, sondern in jedem Heft eines Jahrgangs neu beginnt. Bei diesen Zeitschriften ist auch die Heftnummer (Abkürzung: H.) anzugeben.

> Wyss, Martin Ph. (2005): »Recht zeitig oder rechtzeitig? Vom Umgang der Rechtsetzung mit der Zeit«. In: *LeGes – Gesetzgebung & Evaluation* 16, H. 3, S. 13–26.

Artikel aus Zeitungen
Bei Zeitungen sind die Nummer der Ausgabe sowie das Erscheinungsdatum anzugeben:

> Becker, Liselotte (1988): »Hindernisse für neue Supraleiter«. In: *Süddeutsche Zeitung* 298, 27. Dezember 1988, S. 38.

Handelt es sich um eine nicht allgemein bekannte Zeitung, gibt man nach dem Namen noch den Erscheinungsort in Klammern an:

> Frank, Felix (1987): »Der Stoff, aus dem die Träume sind«. In: *Der Bund* (Bern) 241, 15. Oktober 1987, S. 18.

7.2.4 Unveröffentlichte Quellen
Unveröffentlichte Arbeiten werden wie unselbstständige Quellen behandelt und mit der Angabe des Typs der Arbeit versehen (Diplomarbeit, Dissertation, Magisterarbeit, Habilitationsschrift etc.).

> Schmidt, Dietmar (1996): »Versteht man sie? oder: Der Weg zum idealen Lehrbuch. Eine kritische Untersuchung ausgewählter Lehrbücher zur Geomorphologie«. Diplomarbeit Bonn, Universität.

Bei unveröffentlichten Materialien aus Archiven sind Autor (sofern überhaupt eruierbar) und Titel der Quelle sowie Fundort und Signatur anzugeben. Es werden weder Kursivierung noch Anführungszeichen verwendet:

> Auswandererzahlen aus dem Regierungsbezirk Minden. Staatsarchiv Detmold. MI. IA, 95–101.

7.2 Literaturangaben

Wenn viele Quellen eines Verzeichnisses den gleichen Fundort haben, lohnt es sich, dafür eine Abkürzung festzulegen.

Auswandererzahlen aus dem Regierungsbezirk Minden. STAD MI. IA, 95–101.

7.2.5 Fremdsprachige Quellen

Für die Literaturangaben von fremdsprachigen Publikationen benutzt man in einer auf Deutsch geschriebenen Arbeit in der Regel die deutsche Begrifflichkeit, schreibt also (Hg.) statt (ed.) oder (éd.) und S. statt p.

Bei englischen Publikationen werden das erste und letzte Wort des Titels, das erste Wort des Untertitels sowie alle weiteren Wörter außer Artikeln, Präpositionen und Konjunktionen großgeschrieben.

Winchester, Simon (1998): *The Surgeon of Crowthorne. A Tale of Murder, Madness and the Oxford English Dictionary.* London: Penguin.

Watson, James D./Crick, Francis. H. C. (1953): »Molecular Structure of Nucleic Acids. A Structure for Deoxyribose Nucleic Acid«. In: *Nature* 171, S. 737 f.

Rosenberg, Robert (2005): »Why Is Ice Slippery?« In: *Physics Today* 58, H. 12, S. 50–55.

Bei französischen Publikationen wird üblicherweise neben Namen und festen Begriffen nur das erste Wort des Titels großgeschrieben. Das gilt auch für Publikationen in anderen romanischen Sprachen.

Sicard, Monique (1991): Images d'un autre monde. La photographie scientifique. Paris: CNRS Images Media.

7.2.6 Zitieren von Internetquellen

Auch für das Zitieren von Internetquellen gilt das Prinzip: Die Angabe ist so zu gestalten, dass die Quelle eindeutig identifiziert und lokalisiert werden kann. Es haben sich allerdings noch nicht in gleichem Maße feste Konventionen herausgebildet wie für gedruckte Quellen. Eine ausführliche Darlegung des Zitierens von Internetquellen und des Publizierens im Internet bieten Runkehl/Siever (2001).

7 Literatur- und Quellenangaben

Bei der Dokumentation von Internetquellen sind Schnelligkeit und Schnelllebigkeit des Mediums zu berücksichtigen. Die Inhalte im Netz können sich jederzeit ändern. Man muss damit rechnen, dass die Quellenangabe eines Internetdokuments schon nach kurzer Zeit nicht mehr auf das gleiche Dokument, sondern auf eine geänderte Fassung verweist oder gar ins Leere führt. Deshalb ist bei der genauen Angabe einer Internetquelle immer auch das Datum zu vermerken, an dem man auf die betreffende Website zugegriffen oder den zitierten Newsgruppenbeitrag gelesen hat.

Eine eindeutige Benennung eines im Internet vorhandenen Dokuments ist durch den *Uniform Resource Locator* (URL) möglich, der den Internetdienst (z. B. *telnet, usenet news* oder *http*), das Internetprotokoll und den Pfad angibt. Dokumente aus dem Internet lassen sich folgendermaßen nachweisen:

Name, Vorname (Jahreszahl): »Titel«.
URL: Angabe der URL [Stand: Datum der Abfrage].

Bernhart, Toni (2010): »Publikationen«.
URL: http://www.bernhart.eu/pub/index_pub.htm. [Stand: 15. Oktober 2010].

Dokumente aus anderen Internetdiensten werden analog zitiert, wobei bei Newsgruppenbeiträgen das Datum des Postings ohne Hinweis »Stand« angegeben werden kann:

Mehling, Peter (2001): »Kilogramm festlegen«.
Usenet News.de.sci.physik [30. November 2001].

Wenn das Dokument nicht einem einzelnen Autor zuzuordnen ist, sondern von einer Institution stammt, wird diese angegeben.

Dudenredaktion (2005): »Konrad Duden«.
URL: http://www.duden.de/deutsche_sprache/sprachwissen/
geschichtliches/konrad-duden/kurzbiografie.php
[Stand: 6. September 2010].

Physikalisch-Technische Bundesanstalt (2006): »Ein geschichtlicher Überblick«.
URL: http://www.ptb.de/de/wegweiser/einheiten/si/fundamentalkonstanten.html
[Stand: 20. Dezember 2009]

7.2 Literaturangaben

Vollständige URLs

Mittlerweile sind viele der im WWW zugänglichen Websites mit sogenannter Frametechnologie und einem Content-Management-System aufgebaut. Dies hat unter anderem zur Folge, dass in der Adressanzeige des Browsers oft nicht die genaue URL des aufgerufenen Dokuments, sondern nur diejenige einer Einstiegsseite zu sehen ist. Um das zitierte Dokument genau angeben zu können, muss man deshalb darauf achten, auch wirklich die vollständige URL eines Dokuments festzuhalten. Diese ist unter anderem beim Berühren oder Anklicken des Links, der zum betreffenden Dokument führt, im unteren Rahmen des Browsers zu sehen.

Bis jetzt ist es nicht möglich, eine Stelle innerhalb eines Dokuments genau anzugeben. Beim Herunterladen einer Datei oder beim Ausdrucken ändern sich ja je nach verwendetem Programm und dessen Einstellungen sowie dem benutzten Drucker Seitenformate und andere Formatierungen, woraus sich immer wieder unterschiedliche Seitenzahlen ergeben. Texte können im sogenannten PDF-Format abgespeichert und mit fest fixierter Formatierung ins Netz gestellt werden. Davon wird aber nur in einigen Fällen Gebrauch gemacht.

URLs nicht trennen

Die URLs sind oft lang und können auch Punkte oder Striche enthalten. Selbst der kleinste Fehler in der Schreibung einer URL führt dazu, dass der Browser die eingegebene Seite nicht findet. Deshalb sollten in der Angabe einer URL keine Wörter getrennt und am Ende der angegebenen URL sollte kein Punkt gesetzt werden.

Ist die Trennung einer URL unumgänglich – zum Beispiel, weil die URL länger als eine Zeile ist –, so bricht man auf der ersten Zeile nach einem Schrägstrich oder einem Punkt ab und schreibt auf der nächsten Zeile weiter:

> Schrodt, Richard (1997): »Diesseits von G/gut und B/böse«.
> URL: http://www.univie.ac.at/Germanistik/schrodt/
> rechtschreibreform/diesseits.html [Stand: 28. August 2010].

Am besten verzichtet man allerdings, wie bereits gesagt, ganz auf einen Zeilenumbruch innerhalb einer URL, selbst wenn das zu einer typografisch unschön gestalteten Literaturangabe führen mag.

7 Literatur- und Quellenangaben

■ 7.3 Literaturverzeichnis

Das Literaturverzeichnis ist ein wesentlicher Bestandteil einer wissenschaftlichen Arbeit, der auf übersichtliche Weise Informationen über die einer Arbeit zugrunde liegende Literatur oder die genauen Angaben zu einem einzelnen Titel zugänglich macht.

Alle verwendete Literatur angeben
Im Literaturverzeichnis einer Arbeit ist sämtliche Literatur anzugeben, die für eine Arbeit verwendet worden ist, die im Text zitiert, paraphrasiert oder erwähnt worden ist. Die einzelnen Titel sind als vollständige Literaturangabe aufzuführen. Häufig bietet sich eine Zweiteilung des Verzeichnisses an in Quellen, die im Rahmen der Arbeit untersucht worden sind, und in wissenschaftliche Fachliteratur zum Thema. Bei umfangreichen Literaturverzeichnissen ist zu überlegen, ob nicht im Interesse der Übersichtlichkeit eine Unterteilung nach sachlichen Kriterien vorgenommen werden kann.
Das Literaturverzeichnis einer Arbeit ist nicht notwendigerweise eine groß angelegte Bibliografie des Themenbereichs, dem die Arbeit zuzurechnen ist. Will man als Teil einer Arbeit eine umfassende Bibliografie zu einem Thema erstellen und der Arbeit beigeben, so muss dieser Teil des Literaturverzeichnisses entsprechend bezeichnet werden.

Literaturverzeichnis gesondert kontrollieren
Beim Überarbeiten eines Textes lohnt sich aller Erfahrung nach ein eigener Kontrollgang, bei dem genau überprüft wird (am besten durch Abstreichen), ob auch wirklich jeder zitierte Text und jede erwähnte Quelle im Literaturverzeichnis aufgeführt ist. Einen Kontrollgang wert ist übrigens auch die alphabetisch richtige Einordnung der einzelnen Literaturangaben im Literaturverzeichnis. Die Literaturangaben der selbstständig und unselbstständig erschienenen Literatur werden alphabetisch nach den Namen der Autoren oder Herausgeber, genauer gesagt, nach dem Namen des ersten Autors oder des ersten Herausgebers eines Werks geordnet. Anonyme Werke werden mit ihrem Titel alphabetisch eingereiht (ohne Berücksichtigung eines Artikels zu Beginn des Titels). Ist eine Arbeit von einer Institution herausgegeben worden, so wird nach dem Namen der herausgebenden Institution (z. B. Eidgenössische Materialprüfungs- und Forschungsanstalt EMPA / Kultusministerium des Landes Nordrhein-Westfalen / UNESCO) alphabetisch eingereiht.

8 Zu guter Letzt

Nicht alle Aspekte des Schreibens wissenschaftlicher Arbeiten lassen sich mit wenigen einfachen und eindeutigen Regeln erfassen. Das wäre angesichts der tatsächlichen Vielfalt der in den einzelnen Wissenschaften gehandhabten Schreib- und Publikationspraxis kaum möglich. Schon bei einem etwas genaueren Blick in einige Publikationen eines Faches wird ersichtlich, dass bei aller Strenge wissenschaftlichen Darstellens sich dann doch eine Vielfalt vor allem in Details der Gestaltung einzelner Darstellungselemente findet.

Abwägen und Erfahrungssache
Während des Schreibens wissenschaftlicher Arbeiten ist an vielen Stellen ein Abwägen nötig. Das Verfassen wissenschaftlicher Arbeiten ist, wie dargelegt, nicht zuletzt eine Sache der Erfahrung und der Übung. Es ist eine handwerkliche Angelegenheit. Eine wissenschaftliche Arbeit entsteht in mehr oder weniger mühsamer Kleinarbeit.
Lassen Sie sich von den wissenschaftlichen Publikationen, mit denen Sie sich während des Verfassens Ihrer Arbeiten auseinandersetzen, nicht blenden oder gar entmutigen. Bei diesen handelt es sich um fertige Produkte. Auch sie sind in Kleinarbeit zustande gekommen. Vergegenwärtigen Sie sich während des Schreibens auch immer wieder, dass niemand von Ihnen das Jahrhundertwerk erwartet, dass Sie genau genommen »nur« eine Seminar-, Semester-, Bachelor-, Magister-, Master-, Diplom- oder Doktorarbeit schreiben.
Die rigide, einschüchternd, ja unerreichbar wirkende Form wissenschaftlicher Publikationen einerseits, das handwerkliche, durchaus machbare Arbeiten an konkreten Einzelheiten andererseits – in diesem Spannungsfeld bewegt sich, wer eine wissenschaftliche Arbeit schreibt. Dies lässt sich, zugegebenermaßen etwas plakativ, mit zwei Zitaten erhellen:

> **der schreibstil der wissenschaft,**
> diese knappe form, dieser logische aufbau, diese fülle von tatsachen, diese geschlossenheit, diese vollständigkeit, diese demonstrierte freiheit von widersprüchen, beinah möchte man glauben, dass es wahr ist, dieses rotwelsch ist bestechend.
> (Oswald Wiener: die verbesserung von mitteleuropa. Reinbek bei Hamburg: Rowohlt Verlag, 1972, XX), [Kleinschreibung im Original].

> Eine wissenschaftliche Arbeit bedeutet Spaß haben, und es ist mit der Arbeit wie mit dem Schlachten eines Schweines, wie die Italiener sagen: Man wirft nichts davon weg. (Umberto Eco 1998: 265).

9 Literatur

- Duden (2011): *Duden. Deutsches Universalwörterbuch*. 7., neu bearb. und erw. Aufl. Hrsg. von der Dudenredaktion Mannheim etc.: Dudenverlag.
- Duden (2009): *Duden. Die deutsche Rechtschreibung*. 25., völlig neu bearbeitete und erweiterte Aufl. Hrsg. von der Dudenredaktion Mannheim etc.: Dudenverlag.
- Eco, Umberto (1998): *Wie man eine wissenschaftliche Abschlußarbeit schreibt*. Übersetzt von Walter Schick. 7., unveränderte Aufl. Heidelberg: C. F. Müller. (= UTB; 1512) [1. Aufl. 1988; Orig.: *Come si fa una tesi di laurea*. Milano 1977].
- Friedrich, Christoph (1997): *Schriftliche Arbeiten im technisch-naturwissenschaftlichen Studium. Ein Leitfaden zur effektiven Erstellung und zum Einsatz moderner Arbeitsmethoden*. Mannheim etc.: Dudenverlag (= Duden Taschenbücher; 27).
- Harnack, Adolf von (1911): »Die Königliche Bibliothek zu Berlin. Anhang III: Über Anmerkungen in Büchern«. In: Harnack, Adolf von: *Aus Wissenschaft und Leben*. *Band 1*. Giessen: Verlag von Alfred Töpelmann, S. 148–162.
- Kruse, Otto (1997): *Keine Angst vor dem leeren Blatt. Ohne Schreibblockaden durchs Studium*. 5. Aufl. Frankfurt a. M./New York: Campus Verlag (= campus concret; 16).
- Kruse, Otto (2010): *Lesen und Schreiben. Der richtige Umgang mit Texten im Studium*. Konstanz: UVK Verlagsgesellschaft (= UTB; 3355).
- Kruse, Otto/Jakobs, Eva-Maria/Ruhmann, Gabriela (Hrsg.) (1999): *Schlüsselkompetenz Schreiben. Konzepte, Methoden, Projekt für Schreibberatung und Schreibdidaktik an der Hochschule*. Neuwied/Kriftel/Berlin: Luchterhand Verlag.
- Narr, Wolf-Dieter/Stary, Joachim (Hrsg.) (1999): *Lust und Last des wissenschaftlichen Schreibens. Hochschullehrerinnen und Hochschullehrer geben Studierenden Tips*. Frankfurt a. M.: Suhrkamp Verlag. (= Suhrkamp-Taschenbuch Wissenschaft; 1437).
- Perec, Georges (1991): *Cantatrix Sopranica L. et autres écrits scientifiques*. Paris: Seuil (= La librairie du XXe siècle) [1. Aufl. 1974].
- Perec, Georges (1992): *Das Soprano Projekt/De Iaculatione Tomatonis in cantatricem*. Übersetzt von Gerhard Pilzer. Bottighofen am Bodensee: Libelle (= Litzelsteller Libellen. Ziemlich Neue Folge 4) [Orig.: Perec (1991)].
- Runkehl, Jens/Siever, Torsten (2001): *Das Zitat im Internet. Ein Electronic Style Guide zum Publizieren, Bibliografieren und Zitieren*. 3., korr. Aufl. Hannover: Revonnah Verlag.
- Steinhauer, Anja (2011): *Duden Praxis – Das Wörterbuch der Abkürzungen*. Mannheim etc.: Dudenverlag.
- Willberg, Hans Peter/Forssmann, Friedrich (2001): *Erste Hilfe in Typografie. Ratgeber für Gestaltung mit Schrift*. 3. Aufl. Mainz: Verlag Hermann Schmidt.